Lumi Poullaouec

ADIEU GRAISSE !

Mon journal (presque) intime

EYROLLES

Conception graphique, mise en pages et mise en couleurs : Lumi Poullaouec

Groupe Eyrolles
61, bd Saint-Germain - 75240 Paris Cedex 05
www.editions-eyrolles.com

75,3 kilos

Le couperet tombe.

Mortifiée, je contemple ce chiffre inscrit à côté de mes doigts de pieds qui me classe dans la catégorie des gens en surpoids. C'est là, à cet instant précis, sur ma balance, face à la réalité, que s'est produit LE déclic. Prise de conscience brutale, révélation inexplicable et soudaine.

Je n'ai pas toujours été en surpoids. Les kilos se sont discrètement accumulés avec les années, se répartissant, par chance, harmonieusement sur mon corps. À l'heure où un Français sur deux est en surpoids, la société tend à nous décomplexer et à nous faire accepter nos kilos en trop. C'est donc sereinement que j'ai laissé mes bourrelets s'installer. Des vêtements adaptés, des talons vertigineux, un grand sourire et la nana « grosse » laissait place à la nana « avec des formes », bien dans sa peau, bien dans sa graisse.

Mais à cet instant, cette évidence qui me rendait aveugle jusque-là m'explose à la figure : je suis en surpoids, en mauvaise santé, accro à la malbouffe, aux sodas, au sucre, à la caféine, au gras, aux produits transformés, à l'aspartame, aux médocs, aux apéros entre copains... Je me complais dans ma graisse, m'embourbant dans un cercle vicieux et destructeur. Tout est alors devenu clair et limpide dans ma tête. Une explosion nucléaire intérieure qui m'ouvre les yeux. Enfin... Le moment est venu de dire adieu à ma graisse. J'ai 10 kilos à perdre.

Ce constat me donne l'impression de devoir traverser le Pacifique à la nage. Mais rien ni personne ne me détournera de cet objectif. Je m'interdis de penser à la longue et pénible traversée (et encore moins aux requins). Je m'imagine plutôt sur la ligne d'arrivée : une plage à Tahiti, où l'on m'accueillera, moi et mon corps de déesse, avec des colliers de fleurs. Je pense au plaisir que j'aurai à me tortiller en bikini telle une vahiné sur les plages de sable blanc.

Pour fêter cette nouvelle résolution, j'achète une trousse, quelques crayons et ce qui deviendra mon allié le plus redoutable : un petit carnet noir de chez Moleskine.

Écrire et dessiner dans mon journal me libère, me motive, me défoule. J'y note tout. Mes déceptions, mes découvertes, mes interrogations, mes victoires...

Au fil des pages, les kilos s'envolent laissant place à une immense fierté. Je constate, avec surprise, la connexion entre ce qui se trouve dans mon assiette et ma santé. Je redécouvre le plaisir de manger de bons produits, le goût des aliments simples et non transformés.

Je tourne la page vers une vie plus saine pour dire adieu à ma graisse et prendre soin de ce que je possède de plus précieux : ma santé !

À QUI APPARTIENT CE JOURNAL ?
À MOI ! LUMI !
À MOITIÉ FRANÇAISE
À MOITIÉ FINLANDAISE
J'ai ~~25~~ ~~27~~ ~~29~~ ~~31~~ ~~34~~ ~~36~~ ans… Bref, PAS UNE RIDE ! (Seulement d'expression mais ça ne compte pas, non ?)
BRETONNE PAR ALLIANCE
Amoureuse du KOUIGN-AMANN et de mon Breton de mari, M'sieur POULLAOUEC.
J'écoute tout le temps de la musique et me tortille sur des airs endiablés dans ma salle de bains.
Je suis GRAPHISTE dans la presse, Directrice Générale en Chef de Mon Bureau et Quelques Mètres Carrés Autour. Je travaille dans le quartier le plus MORT de PARIS, le NO MAN'S LAND de la capitale : le 8e arrondissement.
Je ne quitte jamais mon arme secrète pour paraître ⊕ mince : MES TALONS HAUTS !
MIROMESNIL
GARE DE L'EST
Je viens du pays du père Noël, d'où la coiffe de lutin.
LUMI, c'est mon vrai prénom ; il signifie "NEIGE" en finnois. Le "U" se prononce "OU".
Je vis une véritable histoire d'amour avec mon fer à boucler et ma bombe de laque…
…ainsi qu'avec mes antidouleurs chéris qui m'aident à supporter mes inflammations chroniques.
MES PASSIONS :
La photographie, les gribouillis et l'envie irrésistible de donner de petits surnoms aux gens que je côtoie.
Voisine de Mickey, je passe ma vie dans le train où je dessine beaucoup.
ET ENFIN… J'AIME MANGER !
Lumi

PLAN D'OCCUPATION DE MON CERVEAU

Telle une marionnette, je suis contrôlée par Sheitan et la Voix de la Raison. Logés dans mon cerveau, ils guident toutes mes décisions.

SHEITAN

Une p'tite bière avec des olives pour l'apéro ?

Je t'ai préparé un burger avec des frites au saindoux !

RHOOOD !

Et un macaron au Miamtella en dessert ?

MIAM !!!

LA VOIX DE LA RAISON

Tu devrais faire plus de sport !

Il faut manger 5 fruits et légumes par jour !

MANGE BIO !

Arrête de mettre de l'aspartame dans ton café !

Limite le SEL : Tu auras moins de CELLULITE !

Perds quelques kilos, tu serais en meilleure SANTÉ !

Sheitan occupe la plus grande partie de mon cerveau. C'est lui qui tire le plus de ficelles.
Je l'ai laissé, petit à petit prendre le contrôle de toutes mes décisions...

SHEITAN EST TOUJOURS DANS LES BONS COUPS !

La Voix de la Raison occupe une toute petite partie de mon cerveau (en bleu sur ce plan). Elle se préoccupe de mon bien-être et de

MA SANTÉ AVANT TOUT !

Je sais que je devrais l'écouter plus souvent, que je devrais suivre ses bons conseils... Mais elle est tellement

RABAT-JOIE !

dumi

Août
Lumi au pays des mille lacs
LUTIN
VILLE LA PLUS PROCHE À 50 KM DU MÖKKI*
MIKKELI
BAR
BAR
OURS
LAC SAIMAA
PHOQUE DU SAIMAA
MOUSTIQUES
MÖKKI* DES BOIS
ÉLAN
MYRTILLES
CHAMPIGNONS
N
O
E
S
Direction la Finlande et mon Mökki* familial, au bord du lac Saimaa. D'aussi longtemps que je me souvienne, c'est là que j'ai passé toutes mes vacances d'été...
* Mökki : cabane traditionnelle finlandaise construite souvent près de l'eau au cœur de la nature. La plupart des Finlandais s'y ressourcent le temps d'un week-end ou pendant leurs vacances.
Lumi

LES DÉLICES DE FINLANDE

En arrivant dans mon beau pays, je n'ai qu'une hâte : déguster toutes les spécialités finlandaises qui m'ont tant manquées dans mon quotidien parisien...

KORVAPUUSTI

Je me damnerais pour ces brioches à la cannelle et à la cardamome sortant du four... MIAM !

KARJALANPIIRAKKA

Galette carélienne à base de seigle et de pomme de terre

PUOLUKKAPUURO

Personne ne fait la purée d'airelles rouges aussi bien que ma tante Kaisu...

MUNAVOI

Beurre écrasé avec de l'œuf, puis étalé sur les Karjalanpiirakka.

LEIPÄJUUSTO

Fromage lapon qui couine sous la dent et sur lequel on étale de la confiture de Lakka.

SALMIAKKI

Réglisse salé à savourer... PAR POIGNÉES !

LAKKA

Baie de plaquebière poussant dans les tourbières de Laponie

KYLMÄSAVUSTETTU PORONLIHAA

Viande de renne fumée à froid (éviter d'en manger en décembre pour ne pas priver le père Noël de son unique moyen de locomotion...)

RUISLEIPÄ

Pain noir à la farine de seigle

LES CHOCOLATS FAZER

FAZER

Il paraît que si leurs chocolats sont si bons, c'est parce qu'ils sont faits avec du vrai lait et pas de la poudre de lait...

KALAKUKKO

Pain de seigle fourré de poissons et de fines tranches de poitrine de porc. Mon oncle Olli fait un Kalakukko à tomber !

MUSTIKKALETTU

Les meilleures crêpes aux myrtilles du monde : celles de ma mère !

dumi

EN MODE VACANCES
ON I
AAAAH! Que j'aime les grandes vacances! Pendant 1 mois, ma seule montre sera mon estomac! Je vais profiter de tout ce temps pour réfléchir à plein de projets. Tiens, et pourquoi je ne plaquerais pas tout pour venir vivre ici?! En voilà une bonne idée! Adieu stress de la ville! Adieu métro puant et vilains frotteurs! Adieu les talons hauts pour paraître plus mince! Je vais m'acheter une poule, des chèvres et un stock de chocolats FAZER!
ALERTE SPOIL!
Je vais brûler ma carte bleue comme dans "INTO THE WILD" et me satisfaire des baies et des champignons que m'offre la nature! Sauf que moi je suis trop maline pour mourir en mangeant des plantes toxiques!
MOUAHAHAHA!
On pourrait se prendre une vache aussi, pour faire du BON BEURRE!
ÄLÄ DROPPAA MUN TUNNELMAA
=VESALA=
Bottes antiserpents affreux
Affreux serpent menaçant
dumi

L'ART DU FUMOIR
MA GRANDE PASSION PENDANT LES VACANCES EST DE FUMER À CHAUD DU POISSON ET DES VIANDES.
YEAH! J'AI PÊCHÉ UNE BRÈME! JE VAIS LA FUMER!
40cm!
Une fois le poisson pêché, trouver la bonne poire qui le tuera et l'évidera à ta place ou le relâcher et mourir de faim.
Déposer le trophée de pêche évidé (lui ou tout autre aliment à fumer) sur la grille à mi-hauteur de la caisse en fer.
Brindille de GENÉVRIER (facultatif)
2 ou 3 morceaux de SUCRE
Une fois que tout est prêt, refermer le couvercle et attendre 20 à 30 minutes après l'apparition des premières fumées s'échappant de la caisse.
2 poignées de copeaux de bois d'AULNE
Braises de l'enfer bien rouges
ET VOILÀ UN PLAT QUI SENT BON LA FINLANDE!
Champignons cueillis dans la forêt et cuits dans la crème
Pommes de terre nouvelles avec du beurre
Poisson fumé à chaud
Jumi

SHEITAN A TOUJOURS DE BONNES IDÉES...
TU DEVRAIS COUPER LA SAUCISSE SUR TOUTE LA LONGUEUR ET Y FOURRER DU FROMAGE ET LE FAIRE FONDRE AVEC UN PEU DE MOUTARDE FINLANDAISE !
Être en vacances
c'est n'avoir rien d'autre à faire
QUE DE MANGER
et avoir toute la journée pour le faire
=Robert Orben=
TURUN SINAPPIA
MOUTARDE FINLANDAISE DE TURKU DIABOLIQUEMENT BONNE !

GAVAGE DE VACANCES
Poisson fumé, champignons des bois à la crème, crêpes aux myrtilles, fromage lapon qui couine sous la dent, chocolat FAZER, cidre à la baie de plaquebière... Je profite des vacances pour me gaver de tous ces mets et breuvages délicieux introuvables en France sans vraiment me préoccuper des changements qui s'opèrent sur mon corps...
FAZER
LONKERO
AAAAAAAAH! J'AI MAL AU VENTRE! MAIS TOUT EST TROP BON! J'EN VEUX ENCORE!!!
HIGHWAY TO HELL
~AC/DC~
MAIS ARRÊTE ENFIN!
JOUES BOUFFIES
AUGMENTATION MAMMAIRE
BRAS DE CHAUVE-SOURIS
FOIE GRAS EN SOUFFRANCE
FORMATION DE BOURRELETS MULTIPLES & FLASQUES
BAS DU CORPS CENSURÉ POUR PRÉSERVER LES ÂMES SENSIBLES
FIN AOÛT
La pluie et le mauvais temps me font oublier mes grands projets d'élevage de chèvres. Il est temps de faire mes valises et de rentrer à Paris...
MAMAN !?? C'est toi qui as rétréci tous mes vêtements de ville en machine ?!
Non, ma fille, je crois que tu as un peu abusé du chocolat FAZER cette année!
Lumi

Septembre
=C'EST LA RENTRÉE!=
TU N'AS PAS BIENTÔT FINI, TOI? REGARDE COMME ELLE EST DEVENUE BOUFFIE! IL FAUT QU'ELLE MANGE TOUS CES FRUITS & LÉGUMES DE SAISON PLUTÔT!
YIIIHAAAA!
J'AI RAMENÉ PLEIN DE DÉLICIEUX CHOCOLATS FINLANDAIS DANS LES VALISES! TU SAIS, CEUX QUE TU AIMES TANT! GOÛT POPCORN! MIAM!
CHOCOLAT FAZER
ATTENTION, = LE CHOCOLAT = FAIT RÉTRÉCIR LES FRINGUES
MÛRES
MYRTILLES
NECTARINES
NOIX
PRUNES
RAISINS
COINGS
FIGUES
CITRONS
ARTICHAUTS
POIREAUX
AUBERGINES
BETTERAVES
CONCOMBRES
ÉPINARDS
BROCOLIS
SEPTEMBER
EARTH, WIND & FIRE

ALERTE !
LA LUMI AYANT MANGÉ TOUT L'ÉTÉ, SE TROUVA FORT DÉSAPPOINTÉE, UNE FOIS VENU LE JOUR DE LA PESÉE
IKK !
NOOOOOOOooon !
AFFREUX !
DIABLERIE !
PAS POSSIBLE !
LA BALANCE EST SÛREMENT CASSÉE !
C'EST À CE MOMENT PRÉCIS QUE J'AI EU LE DÉCLIC !
JE SUIS GROSSE !
IL EST TEMPS D'AGIR… ET VITE !
CHUT TOI !
AH ! ENFIN ! TU T'EN RENDS COMPTE !
DEPUIS LE TEMPS QUE JE T'ENVOYAIS DES SIGNAUX DE FUMÉE !
75,3
ICI - PUPKULIES ÇA COMMENCE ICI…
LUMI

CALCUL DE L'IMC
JE FILE SUR LE SITE INTERNET D'AMELI POUR CALCULER MON IMC...
26
NOM D'UN KILO DE CELLULITE! JE SUIS EN SURPOIDS Il est débile ce calcul!? Il ne prend pas en compte le fait que je suis une femme pulpeuse!! Et puis je suis sûre que mes os sont plus lourds que ceux des autres!
NOM D'UN ANGELOT JOUFFLU! C'EST LE DÉBUT DE LA FIN LUMI! Tu augmentes ton risque de mourir d'une maladie cardiovasculaire!!! Tu es sur la bonne voie pour avoir du diabète! Savais-tu qu'on pouvait devenir aveugle à cause du diabète? Et le risque d'AVC! Tu y as pensé ?!
Être en surpoids, ça ne veut rien dire de nos jours! 30% de la population est en surpoids et pourtant ils ne sont pas tous morts! Dis-toi que plus tu vas vieillir, plus tu deviendras grosse... Et puis les gens au régime sont chiants. Tu n'es pas chiante toi! Allez... Prends une coupette de champagne et quelques cacahouètes! Le régime, tu y penseras demain!
C'EST TROP HORRIBLE!
TU RISQUES D'AVOIR UN CANCER!
lumi

QUELLE RÉACTION ADOPTER ?
Je pense être passée par toutes ces réactions en 1/4 de seconde...
LE DÉNI
MOI ? GROSSE ?! NOOOOOOOON... J'AI DES FORMES !
LE FATALISME
Quand je serai aveugle et morte, ils devront me passer par la fenêtre car mon cul pachydermique ne passera plus la porte ! Je me DÉGOÛTE ! VITE ! Une plaquette de chocolat pour oublier !
POURQUOI MOI ?
LA PROCRASTINATION
Je dois faire un régime, MAIS c'est pas le bon moment... Je suis stressée, c'est bientôt l'hiver, la période des bouclages au bureau... NON, c'est pas le bon moment... Je m'y mettrai après...
PLEIN DE FAUSSES EXCUSES POUR DÉCULPABILISER
L'ACCEPTATION
OUI ! Je suis grosse et je m'accepte telle que je suis ! Il faut bien mourir de quelque chose ! Si c'est d'une crise cardiaque, j'aurai au moins eu le plaisir d'engouffrer ce délicieux petit CUPCAKE !!! Et puis les problèmes de santé c'est pour les autres, pas pour moi !
GROSSE & FIÈRE DE L'ÊTRE !!!
MON PRÉCIEUX !
LA RÉSIGN-TIVATION
♫ RÉSIGNÉÉÉÉE ! MOTIVÉÉÉE ♫
Je ne m'engraisserai plus jamais !
♫ RÉSIGNÉÉÉE ! MOTIVÉÉÉÉE ♫
c'est décidé, je m'y mets ! ♪
MON RÉGIME COMMENCE TOUT DE SUITE !
Ce sera dur, mais je suis FORTE ! Et l'été prochain, je me tortillerai sur la plage en bikini avec mon corps de BOMBASSE !
YEAH !
Lumi

OBJECTIF -10 KILOS

POUR UN CORPS DE BOMBASSE !

C'EST DÉCIDÉ, J'OPTE POUR LA MEILLEURE RÉACTION À ADOPTER : LA RÉSIGN-TIVATION ! CACHÉ AU FIN FOND DE MON PLACARD DE CUISINE, JE RETROUVE MON PETIT CARNET POINTS WATCHERS, UN RÉGIME QUE J'AVAIS SUIVI UNE DIZAINE D'ANNÉES PLUS TÔT POUR RENTRER DANS MA ROBE DE MARIÉE.

MAIGRIR EN S'AMUSANT !

C'EST, À MON SENS, LE RÉGIME LE PLUS EFFICACE, ET SURTOUT LE PLUS SAIN. TOUS LES ALIMENTS SONT RÉPERTORIÉS PAR POINTS. LA PLUPART DES FRUITS & LÉGUMES FONT 0 POINT ET LES AUTRES ALIMENTS FONT ⊕ OU ⊖ DE POINTS. J'AI LE DROIT À 18 POINTS PAR JOUR (QU'IL FAUT MANGER ET SI JE FAIS DU SPORT, JE GAGNE DES POINTS EN ⊕)...

LE RÉGIME DEVIENT UN JEU OÙ JE RÉAPPRENDS À MANGER SAINEMENT.

POUR FÊTER CETTE NOUVELLE RÉSOLUTION, JE COMMENCE CE BULLET JOURNAL OÙ JE NOTERAI MA PROGRESSION, MES COMBATS INTÉRIEURS, MES FRUSTRATIONS, ET MES VICTOIRES ! IL M'AIDERA À ME SOUVENIR DE POURQUOI J'AI DÉBUTÉ CETTE LUTTE CONTRE LA GRAISSE, LES JOURS OÙ LES TENTATIONS SERONT TROP GRANDES...

UNE NOUVELLE PAGE SE TOURNE VERS UNE VIE SAINE !

#MOTIVATIONAUTOP

LE PIZZA DAY
DU
VENDREDI MIDI
AVEC MES COLLÈGUES DIABOLIQUES
LA MAC FAT NIGHT
COLA LIGHT
MIAM
DU DIMANCHE
MES MAUVAISES HABITUDES ALIMENTAIRES
LES APÉROS
ENTRE COPAINS
LES BONBONS AU CINÉMA
SLURP! MIAM!
LES COOKIES
ET AUTRES COCHONNERIES
CHOCO CHUNK
MIAMMIAM
DE BOUCLAGE
LES BRUNCHS!
FOUFOUS DU WEEK-END
THE END - THE DOORS
This is the end, beautiful friend
This is the end,
My only friend
THE END
TOUT ÇA, C'EST TERMINÉ!
DUMI

CIMETIÈRE GRAISSEUX

GOMME 1 PARTIE DU CORPS À CHAQUE KILO PERDU ET ENTERRE LA GRAISSE EN COLORIANT LES CASES ROUGES CORRESPONDANTES.

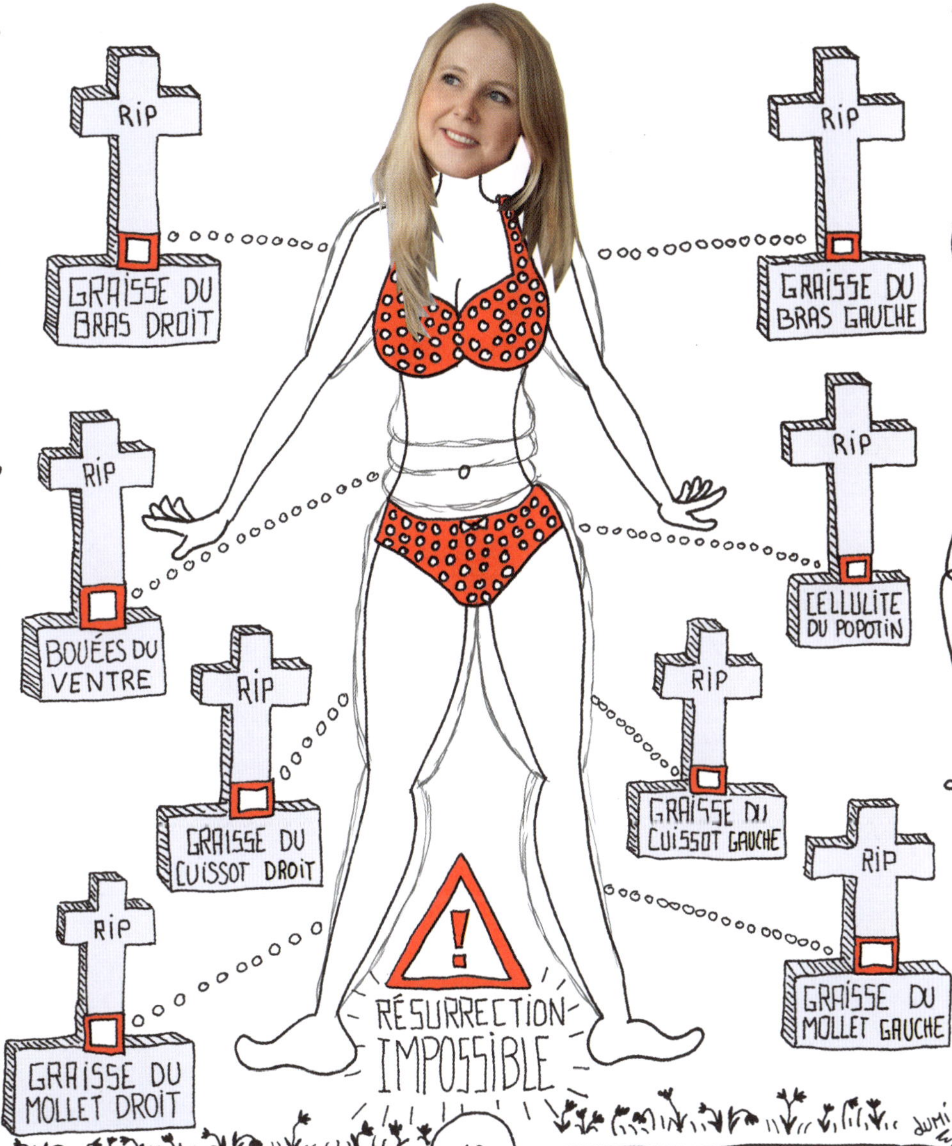

« QUE TA NOURRITURE SOIT TON MÉDICAMENT ET QUE TON MÉDICAMENT SOIT DANS TA NOURRITURE »

= HIPPOCRATE =

Pour me motiver dans ma lutte contre la graisse, je regarde beaucoup de reportages sur l'alimentation. J'ai regardé sur NETFLIX ce documentaire qui m'a fait réfléchir :

= FAT, SICK & NEARLY DEAD =

C'est l'histoire d'un gars grassouillet souffrant d'urticaire chronique. Il décide de faire un jeûne de 60 jours, durant lesquels il ne va se nourrir que de jus de fruits & légumes frais. Au bout des 2 mois, il a perdu 40 Kilos et ne prend plus aucun médicament pour son urticaire. Selon sa théorie, beaucoup de problèmes de santé sont directement liés à ce qui se trouve dans notre assiette.

MAINTENANT, JE M'INTERROGE.

J'aime trop manger pour faire un jeûne de jus et je ne suis pas sûre que se nourrir uniquement de boissons soit très bon pour l'équilibre alimentaire (est-ce que je ne risquerais pas de perdre mes dents ?!!), mais est-ce que je ne pourrais pas guérir mes inflammations chroniques en mangeant plus de fruits & légumes ?

1 APPLE A DAY KEEPS THE DOCTOR AWAY !*

* 1 pomme par jour tient le docteur au loin !

MES NOUVELLES RÉSOLUTIONS

- ☑ FAIRE LE PLEIN DE FRUITS & LÉGUMES DE SAISON AU MARCHÉ TOUS LES DIMANCHES MATINS.
- ☑ CUISINER PLUS ET CONSOMMER MOINS DE PRODUITS ALIMENTAIRES TRANSFORMÉS.
- ☑ NE PAS FINIR MON ASSIETTE SI JE N'AI PLUS FAIM.
- ☑ ESSAYER DE MANGER UNE GRANDE VARIÉTÉ DE FRUITS & LÉGUMES.

MANGER LES FRUITS & LÉGUMES SUIVANTS :

- ☑ POMMES
- ☑ RAISINS
- ☑ FIGUES
- ☑ MELONS
- ☑ POIRES
- ☑ MÛRES
- ☑ PRUNES

- ☑ AUBERGINES
- ☑ TOMATES
- ☑ ARTICHAUTS
- ☑ COURGETTES
- ☑ CRESSON
- ☑ ÉPINARDS
- ☑ RADIS
- ☑ HARICOTS VERTS

RETROUVER LE VRAI GOÛT DES ALIMENTS

ÊTRE AU RÉGIME NE VEUT PAS DIRE S'AFFAMER !

À MÉDITER

YOU ARE WHAT YOU EAT*

* TU ES CE QUE TU MANGES

dumi

MON PANIER À FRUITS N'A JAMAIS ÉTÉ AUSSI REMPLI...
C'EST QUOI CETTE MERDE-LÀ???
JUST LIKE HEAVEN
=THE CURE=
DIS-MOI QUE TU VAS LES FRIRE??!
IL FAUT LES TREMPER DANS DU MIAMTELLA!!!
QUE TU VAS LES CUIRE AU BEURRE?!?
TU VAS CHOPER LA CHIASSE AVEC TOUS CES FRUITS!
LES FLAMBER AU RHUM!
SUGAR-SUGAR
=DIVING WITH ANDY=
dumi

BILAN SEMAINE 1
LUNDI
MORNING ROUTINE
Je me lèverai plus tôt pour faire 10 minutes d'abdos/fessiers tous les matins ! De petites séances régulières seraient plus efficaces que 2h de sport hebdomadaires.
LES CORPS DE RÊVE APPARTIENNENT AUX GENS QUI SE LÈVENT TÔT !
MARDI
Avec ce beau temps, je déjeune tous les midis sur les pelouses du
PARC MONCEAU
ANTIDOULEURS ×6
GROSSE CRISE INFLAMMATOIRE
J'ai l'impression qu'un
MAMMOUTH
m'écrabouille le dos !
MERCREDI
75 KG
TOUT ROND ! COMME MOI !
Et dire que je pensais perdre 1 kilo en 2 jours.
NOUVELLE RÉSOLUTION : Me peser une seule fois par semaine.
MORNING ROUTINE IMPOSSIBLE cause mal de dos.
JEUDI
36°C
Cette chaleur me donne envie de boire des bières en terrasse avec les copains...
JE RÉSISTE !
VENDREDI
AUJOURD'HUI AU BUREAU C'ÉTAIT
PIZZA DAY
J'AI REGARDÉ LES COLLÈGUES DÉGUSTER LEURS PIZZAS PENDANT QUE JE MANGEAIS MA PAUVRE SALADE...
SAMEDI
J'AI MARCHÉ 10 Km
#PASPEUFIERE
AU CINÉMA J'AI RÉSISTÉ À L'APPEL DES
BONBONS
MAIS PAS DES ANTIDOULEURS ×4
DIMANCHE
JE ME SUIS LEVÉE À L'AUBE POUR FAIRE UNE
PROMENADE PHOTO
6 Km
Je me suis gavée de mûres sauvages
POIDS
74,5 KG
QUOI ?? ! Tous ces efforts pour ne perdre que 800 g ???

JE SUIS TROP VÉNÈRE !
RAGE AGAINST THE MACHINE !
= KILLING IN THE NAME =
GRRRR !
TOUS CES EFFORTS POUR ÇA ?!?
VA BRÛLER EN ENFER !
HEUUUU… NE DÉSESPÈRE PAS… PEUT-ÊTRE QUE TU N'AS PAS PERDU TON PREMIER KILO PARCE QUE LE MUSCLE PÈSE PLUS LOURD QUE LA GRAISSE ?
ET REGARDE-TOI : TU AS L'AIR PLUS MUSCLÉE, NON ?
TU VOIS ?!? À QUOI BON TE PRIVER POUR UN RÉSULTAT AUSSI NAZE ?!?
LA PETITE PHRASE CENSÉE TE RÉCONFORTER MAIS QUI T'EXASPÈRE ENCORE PLUS.
EN ENFER, ON A PLEIN DE CHOSES À MANGER AU MOINS !!!
ALLEZ !!! OUBLIE CETTE HISTOIRE DE KILOS EN TROP ! TU T'EN PORTERAS MIEUX ! ALLEZ, VIENS, C'EST L'HEURE DE L'APÉRO !
74.9
BALANCE DE MERDE
MAC FAT
MIAMTELLA
FROMAGE
GRAS
SUCRE
FRITES
BURGERS
ALCOOL
COLA
ENFER
LA FAÇON LA PLUS RADICALE DE S'ABANDONNER AU MAL EST DE REFUSER D'EN PRENDRE CONSCIENCE
= GUSTAVE THIBON =
dumi

APRÈS UNE TELLE DÉCEPTION, J'AI LE CHOIX ENTRE :
ME NOYER DANS UN POT DE MIAMTELLA
ÉCOUTER MA CHANSON DU MATIN
GET UP OFFA THAT THING
JAMES BROWN
SAY IT! I'M BACK! I'M BACK! I'M BACK! YEAH!
HIHI!
GET UP OFFA THAT THING! AND DANCE 'TILL YOU FEEL BETTER!
BONNE HUMEUR GARANTIE AVEC JAMES !
CRAC!
INFLAMMATION AIGUË
IL VA ENCORE FALLOIR QUE J'EXPLIQUE À TOUT LE MONDE COMMENT JE ME SUIS FAIT ÇA...
BOOOAAH! AAAH!
JE DEVRAIS PEUT-ÊTRE TROUVER UNE HISTOIRE PLUS HÉROÏQUE ? JE POURRAIS TRÈS BIEN M'ÊTRE TORDU LE COU EN SAUVANT UN CHATON DES GRIFFES D'UN OURS ?!
dumi

VISITE CHEZ LE DOCTEUR
Doc', je me suis encore bloqué le cou ! Il n'y aurait pas des traitements naturels pour réduire ces inflammations ? Car j'ai l'impression d'être bourrée dès le matin avec tous ces cachets. D'ailleurs, c'est pas dangereux d'en ingurgiter autant à la longue ?
PFFFFT ! Ces trucs naturels, c'est pour les gourous ! Tout le monde sait que ça ne marche pas. Suivez votre traitement et apprenez à vivre avec votre douleur.
Sinon j'entame un régime ! Je veux perdre 8 à 10 kilos, vous en pensez quoi ?
Très bonne idée, vous en avez besoin et ça fera pas de mal à votre dos ! Faites du sport : natation ou marche uniquement !
NEUROLEPTIQUES
ANTI-INFLAMMATOIRES
ANTIDOULEURS MES AMOURS
SOMNIFÈRES
PILULES POUR LUTTER CONTRE LES EFFETS SECONDAIRES DES AUTRES PILULES
CALL THE DOCTOR - J.J. CALE
LUMI

LA PISCINE, C'EST FUN QUAND TOUS CES PARAMÈTRES SONT RÉUNIS...
PALMIERS
MOJITO + PAILLE
BIKINI DE BOMBASSE
SOLEIL RADIEUX ÉMETTANT UNE GRANDE CHALEUR
PISCINE (JUSTE POUR MOI!)
PARÉO CACHE-CUL-PACHYDERMIQUE
CRÈME SOLAIRE QUI SENT BON LE MONOÏ
MONOÏ
EAU À 30°C
MATELAS PNEUMATIQUE POUR ME PRÉLASSER
MUSIQUE LATINE
MI SWING ES TROPICAL
=QUANTIC=
MAIS, CE N'EST PAS FUN DU TOUT AVEC CES PARAMÈTRES...
BONNET DE BAIN
COURANTS D'AIR FROID
ILS SONT OÙ LES PALMIERS ?
VERRUES ATTENDANT DE S'ATTAQUER À MES DOIGTS DE PIEDS
MAILLOT DE BAIN 1 PIÈCE DE GRAND-MÈRE
EXHIBITION DE CELLULITE
CHAUSSONS ANTIVERRUES
MULTITUDE DE PETITS INDIVIDUS URINANT DANS L'EAU
ENNUI TOTAL & DÉGOÛT PROFOND!!!
Lumi

J'AIMERAIS AUTANT M'ARRACHER UN ONGLE DE DOIGT DE PIED AVEC UN PETIT OBJET POINTU ET ROUILLÉ QUE D'ALLER À LA PISCINE MUNICIPALE. J'OPTE DONC POUR LA MARCHE! ÇA TOMBE BIEN, J'ADORE ME PROMENER DANS LA FORÊT!
PROMENONS-NOUS DANS LES BOIS, PENDANT QUE LE LOUP N'Y EST PAS!
HEY! JE NE SUIS PAS D'ACCORD, MOI! SI TU MAIGRIS, JE N'AURAI PLUS RIEN À ME METTRE SOUS LA DENT!
TU FERAIS BIEN DE T'Y METTRE AUSSI, REGARDE COMME TU ES DEVENU TOUT GRASSOUILLET! CE N'EST PAS CRÉDIBLE UN GRAS MÉCHANT LOUP!
TA SUEUR D'AUJOURD'HUI C'EST TON SOURIRE DE DEMAIN!
UN NOUVEAU BLENDER POUR UNE NOUVELLE VIE!
Dans tous les films, les sportifs se préparent des mixtures vitaminées dans des blenders. Pour adopter le look sportif,
IL ME FAUT UN BLENDER!
C'EST UN ACHAT UTILE! Ça va me changer des salades, j'ai l'impression de me transformer en lapin à force d'en manger. Grâce à cette merveille de technologie :
À MOI, SOUPES & SMOOTHIES!
30€
PAS CHER!
dumi

En surfant sur Internet, je tombe sur une multitude d'articles vantant les mérites du citron... Et si mon corps pouvait combattre mes inflammations avec ce qui se trouve dans mon assiette ?

LE CITRON MAGIQUE

Ce que j'ai longtemps ignoré, c'est que le citron possède de nombreux pouvoirs...

Riche en vitamines, il stimule le système immunitaire.

La pectine qu'il contient aide à lutter contre les fringales.

Il purifie le foie.

Il traite les maux de gorge.

Il rééquilibre le pH du corps...

WHAAAAAT?! Il nettoie la peau et réduit les rides rendant le visage éclatant !

Et ce qui m'intéresse le plus (avec la diminution de rides évidemment) : il aide à réduire les INFLAMMATIONS !

MON NOUVEAU RITUEL DU MATIN

- ☑ Presser ½ citron dans 25 cl d'eau
- ☑ Tiédir la potion 30 s au micro-ondes
- ☑ La boire à jeun avec une paille pour préserver l'émail des dents
- ☑ Se regarder dans le miroir et observer son visage devenir éclatant ! (Bye bye les rides...)

When life gives you lemons make lemonade*

* Quand la vie te donne des citrons, fais-en une limonade

dumi

BILAN SEMAINE 2

LE PH DU CORPS

Je me pose beaucoup de questions sur l'incidence de l'alimentation sur la santé. Les médecins traitent mes inflammations, mais ne s'interrogent pas sur leurs CAUSES me laissant sans explications face à tous mes maux. En me documentant sur le sujet, je découvre qu'avec un niveau d'acidité trop élevé, le corps tombe malade plus souvent et peut souffrir de pathologies chroniques : diabète, allergies, migraines, cancers affreux... ET INFLAMMATIONS ! C'est décidé ! Je vais essayer de rééquilibrer ce fameux pH pour voir si j'ai moins d'inflammations.

MAIS ALORS, QUELS ALIMENTS PRIVILÉGIER POUR RÉÉQUILIBRER LE PH DU CORPS ?

Pour un bon équilibre, les nutritionnistes recommandent de manger 70% d'aliments alcalins pour seulement 30% d'aliments acides...

Il n'y a pas de victoire sans sacrifice.
En faisant un point sur mon alimentation, je me rends compte qu'il y a des boissons que je consomme en grande quantité et qui acidifient le pH du corps : le café (8-10/Jour) et le Cola Light (2-3/Jour)
C'EST DÉCIDÉ ! DEMAIN, JE COMMENCE
UN SEVRAGE DE CAFÉINE !
... Une semaine... Juste pour constater la différence et diminuer par la suite à 3 cafés par jour et 3 colas light par semaine
Et tant qu'à faire, je vais arrêter l'aspartame et le lait de vache pendant une semaine, il paraîtrait que ce n'est pas bon pour la santé...
ALLEZ ! DEMAIN, PLUS DE CAFÉINE !
LA MEUF QUI N'A JAMAIS ARRÊTÉ LE CAFÉ
?
SEVRAGE - JOUR 1
QUEL TRISTE PETIT-DÉJEUNER ...
Anticlouleurs mes amours
Jus de citron chaud comme la bile
Tisane bio sans aspartame
Porridge sans sucre au lait de coco
SEVRAGE - JOUR 2
J'ai mal au crâne depuis hier. J'ai toujours pensé que le café faisait passer ce genre de maux...
MAIS JE ME TROMPAIS !
Je découvre que le mal de tête est le premier symptôme de L'ÉTAT DE MANQUE de caféine chez la plupart des junkies du café !
SEVRAGE - JOUR 3
PLUS DE MINERVE ! LA BONNE NOUVELLE !
C'EST AFFREUX... AFFREUX... AFFREUX, AFFREUX, AFFREUX...
AFFREUX...
IL N'Y A PAS D'AUTRES MOTS.
JUMI

LE DÎNER CHEZ LES COPAINS
OU
DANS L'ANTRE DE SHEITAN
NIIIIIARK! Tu vas être obligée de manger tout ce qu'on va te servir! Ce serait malpoli de ne pas finir ton assiette!
STRESS! Je suis invitée à dîner chez les copains mais je ne sais absolument pas ce qu'ils ont prévu au menu! Comment je vais calculer mes points ???
VIN GLOUGLOU
L'APÉRO DES ENFERS
Dis, tu sais ce que c'est que cette chose croustillante?
JE SAIS PAS!
UN TRUC À 3 POINTS LA BOUCHÉE À VUE D'ŒIL!
C'est nul tes histoires de points! Si les fruits font zéro point, pourquoi le vin fait pas zéro lui aussi ? C'est du JUS DE RAISIN!
???
COPINE MARIE
QUELLE HORREUR! C'EST LA RÉSURRECTION DE KILOS ASSURÉE AVEC CE DÎNER!
!!!
IIIIIH! JE SUIS AU RÉGIME! Pas trop de viande, ni de frites fantasmagoriques pour moi!
Mais t'inquiète! C'est pas gras la viande halal!
POTE MATHIEU
LE PLAT DE RÉSISTANCE
LE DESSERT DIABOLIQUE
En dessert: UN COMA DIABÉTIQUE! Gâteau à la crème de marron accompagné d'un P'TIT CAFÉ!
COPINE AUDREY
HAAAA! PAS DE CAFÉ, MERCI. Je suis en sevrage ... mais je veux bien de ton coma diabétique!
dumi

SEVRAGE - JOUR 4
ADIEU MA DIZAINE DE CAFÉS DU DIMANCHE!
JE VAIS LES REMPLACER PAR DIVERSES TISANES.
LES BIENFAITS DES TISANES
Chaque plante ou racine possède ses bienfaits! Il suffit de choisir celles qui pourraient m'être bénéfiques. Après quelques recherches, j'opte pour celles-ci :
La camomille
- Anti-inflammatoire
- Combat les migraines
- Apaisante (parfait pour calmer mes colères de manque de caféine)
Le rooibos
- Retarde le vieillissement de la peau !!! (Ma nouvelle boisson préférée!)
Le frêne
- Agit sur la cellulite (toi aussi je t'aime!)
- Aide à maigrir
L'églantier
- Regorge de vitamine C
- Renforce les défenses immunitaires (adieu rhumes de l'hiver approchant!)
Le gingembre
- Anti-inflammatoire
- Antiviral
L'hibiscus
- Anti-inflammatoire (Avec tout ça : adieu minerve!)
- Antalgique (adieu antidouleurs mes amours!)
Lumi

SEVRAGE - JOUR 5
ANGRY LUMI
TOUT M'ÉNERVE!!! Mon blender de M**** à 30€ s'est cassé! Je n'ai plus de café ni de smoothies maintenant!
J'AI TROP LE SEUM*!
*Avoir le seum : mot utilisé par les jeunes pour exprimer une grande contrariété.
TRUC EN PLASTIQUE CASSÉ ET IRRÉPARABLE!!!
HEY! J'AI UNE SUPER IDÉE! JE VAIS REMPLACER LE CAFÉ PAR DU DÉCA!
BIO MAN
Collègue journaliste rabat-joie et mangeur de pommes bio
BIO MAN
TU T'ES DÉJÀ DEMANDÉ COMMENT ILS ENLEVAIENT LA CAFÉINE DES GRAINS DE CAFÉ, LUMI?...
LA DÉCAFÉINATION
Quand les grains de café sont encore verts et jeunes, on les plonge dans l'eau chaude et on ajoute un solvant...
NOOON! PAS LE BAIN!!!
PAUVRE GRAIN DE CAFÉ INNOCENT ET ENCORE VERT...
BAIN D'EAU ET DE DICHLOROMÉTHANE
ET LÀ, POF!
Suite à une réaction chimique, la caféine et le solvant s'envolent laissant là un pauvre grain de café mort et encore vert, prêt à être rincé et grillé. Il restera toujours un tout petit peu de café et de...
SOLVANTS!
BEURK! DÉGUEUX! Je ne vais pas remplacer le café par du Jus de solvants!
SAUF SI TU CHOISIS UN PAQUET OÙ EST INDIQUÉ "SANS SOLVANTS"
DÉCA SANS SOLVANTS
Lumi

BILAN SEMAINE 3
LUNDI
J'AI FAIM! J'AI FAIM! J'AI FAIM!
Bon... En fait je n'ai pas vraiment faim, j'ai juste envie de petits plats
GRASSOUILLETS
ET DE GRIGNOTER DES
SUCRERIES
MARDI
BOUCLAGE
DE MAGAZINE AU BUREAU
Je remplace mes délicieux
COOKIES
DE RÉCONFORT PAR DES
GRAINES,
BEAUCOUP DE
CAFÉ
ET QUELQUES ANTIDOULEURS MES AMOURS!
X4
MERCREDI
ET SI LA SANTÉ SE TROUVAIT DANS L'ASSIETTE?
LE CHANGEMENT, C'EST... DEMAIN!
JEUDI
JOUR 1 DE MON SEVRAGE #NOCAFE
C'est drôle, quand je dis aux gens que je fais un sevrage de caféine, j'ai toujours le droit à la même réaction :
MAIS POURQUOI??
MINE ÉPOUVANTÉE
VENDREDI
MAIS POURQUOI J'AI ARRÊTÉ LE CAFÉ ??? JE SUIS FOLLE!!! BARJOT!! DINGUE! ZIN-ZIN!
SAMEDI
J'arrête peut-être le café
MAIS PAS LE VIN!
Je ne suis pas FRAPADINGUE non plus!
X2
DIMANCHE
LE BRUNCH LE PLUS TRISTE DE TOUS LES TEMPS... PAS DE CAFÉ, PAS DE PANCAKES... JE BOIS MON JUS DE CITRON GOÛT BILE, INGURGITE UN PORRIDGE INSIPIDE ET PARS POUR UNE LONGUE
MARCHE DE L'OUBLI!
POIDS
73,4 KG
Je suis au même poids que la semaine dernière... Et pas de café de consolation.

Octobre
BRAVO LUMI ! Tu as déjà perdu 3 kilos ! À toi, corps de rêve et bonne santé !
FRUITS & LÉGUMES
DE SAISON
MÛRES
BANANES
FIGUES
FRAMBOISES
POMMES
RAISINS
POIRES
MANDARINES
BETTERAVES
ÉPINARDS
POIVRONS
POTIRONS
BROCOLIS
PANAIS
POIREAUX
CAROTTES
Tout ce que tu veux, tout ce dont tu rêves, tout ce que tu espères réaliser est à ta portée si tu y crois vraiment !
Dr SEUSS
HEY !!! LA SAISON DE LA RACLETTE EST OFFICIELLEMENT OUVERTE !
J'EN VEUX ! J'EN RÊVE ! ET J'ESPÈRE M'EN GOBERGER !!!
OCTOBER SONG AMY WINEHOUSE
Lumi

CAFÉINE MON AMOUR

L'HEURE DU BILAN A SONNÉ

Je ne porte plus de minerve, je ressens moins le besoin de prendre des antidouleurs car les inflammations de mon dos ont considérablement diminué. Et si la solution à plusieurs années de douleur se trouvait finalement dans une alimentation plus alcaline ? Cette déduction me paraît tellement improbable que j'ai du mal à y croire, mais les résultats sont là. Désormais, je ne m'autoriserai que 3 cafés par jour. Nouveau bilan dans 6 mois !

duMi

YEAAAH!
J'ai perdu l'équivalent d'une boule de bowling DE GRAS! À moi le BOULE D'ENFER dans mon bikini de BOMBASSE CET ÉTÉ!
Ce n'est pas du gras que tu as perdu, mais plutôt DE L'EAU ET DU MUSCLE! Fais du sport pour ne pas perdre le peu de muscles qu'il te reste!
FRANGIN VIKING HIPSTER DES BOIS RABAT-JOIE!
HEIIIIIN??!!
ALLEZ! JE REPRENDS MA
MORNING ROUTINE SPORTIVE SÉRIEUSEMENT!
10 MINUTES ~~DE TORTURE~~ D'EXERCICES TOUS LES MATINS.
LE SUPPLICE DE LA CHAISE MANQUANTE
LA POSE DU CHIEN QUI FAIT PIPI
PHOOOQUE!
LE PHOQUE ÉCHOUÉ (OU PRESQUE)
L'ABOLITION DU VENTRE FLASQUE
JuMi

BILAN SEMAINE 5
LUNDI
CAAAAFÉÉÉ !!!
ANGRY LUMI
MARDI
J'ai remplacé le Cola Light par de l'eau pétillante...
J'avais jamais remarqué que l'eau pétillante était si
TRISTE À BOIRE !
MERCREDI
Je suis toujours aussi énervée à cause du manque de caféine mais je remarque tout de même que j'ai moins mal au dos et au cou...!
!!! ...
???
JEUDI
#GloireDefiReleve
I ♥ CAFÉ
Hmmm ! Qu'il est bon le premier café après une semaine de privation !
VENDREDI
C'EST L'AUTOMNE !
VIVE LA RACLETTE SOUPE !
SAMEDI
Je vais m'autoriser une soirée
#NoCOMPTAGE
de points par semaine. Cela me permettra de tenir sur la durée.
DIMANCHE
MOTIVATION AU TOP !
J'AI MARCHÉ 8 KM MALGRÉ LE VENT ET LA PLUIE !
POIDS
J'AI PERDU 3,3 KILOS ! L'ÉQUIVALENT D'UNE BOULE DE BOWLING ! JOIE !
72 KILOS !
Lumi

Recette

La divine tartine

Cette recette épatera vos copains.
Dans une grande poêle aillée et huilée,
Faites revenir quelques tranches de bon pain,
Pour obtenir de belles tartines grillées.

Sur les tranches maintenant refroidies,
Etalez un délicieux fromage de bique,
Coupez des tomates goûtues, des radis,
Et ciselez des feuilles de basilic.

N'oubliez pas de saler et poivrer,
Tranchez de petits morceaux de jambon,
Disposez le tout sur les tartines grillées,
Maintenant, croquez ! Mmmmh... C'est rudement bon !

LES COURSES DIABOLIQUES
¡¡¡¡HIIIIIHIIIIHIIII! ON N'A QU'À FAIRE DES BURGERS OU DES PIZZAS MAISON!
RAYON INTERDIT
HO oui! HOOUI! HO OUIII!
CHIPS
VIN
HOOOO!!! Et si on prenait un tout petit pot de MIAMTELLA!? Tu as eu une dure semaine après tout!
BIÈRES
PUSHER MAN
CURTIS MAYFIELD
HOOO! NOOON! PAS ÇA!
On retrouve ici la dépendance PSYCHOLOGIQUE : LE SUCRÉ = OBJET DE RÉCONFORT
L'ERREUR À NE PLUS JAMAIS COMMETTRE POUR NE PAS ATTERRIR DANS LES RAYONS INTERDITS : FAIRE LES COURSES LE VENTRE CREUX !
Trouve des menus équilibrés pour tous les soirs de la semaine et fais tes courses après ton petit-déjeuner le samedi matin!
EXCELLENTE IDÉE ! Je vais chercher de chouettes recettes sur Internet pour me préparer psychologiquement à manger sainement tous les soirs! Adieu cochonneries bourrées de sucre qui apparaissent comme par sorcellerie dans mon Caddie!
dumi

MES DÎNERS DE LA SEMAINE

LUNDI

PAPILLOTTES DE SAUMON FRAIS AUX POIREAUX
↳ www.elle.fr/elle-a-table
FROMAGE BLANC 0% + 1CS de SIROP D'ÉRABLE

MARDI

PHÔ VIETNAMIEN
↳ www.manger-bouger.fr

SMOOTHIE BRÛLE-GRAISSE
ANANAS-MANGUE-CITRON VERT
↳ www.fourchette-et-bikini.fr

MERCREDI

BROCHETTE DE POULET
SUR PETITE SALADE
↳ www.aufeminin.com

FIGUES RÔTIES AU MIEL
↳ www.marmiton.org

JEUDI

TARTINES À L'AVOCAT,
OEUF MOLLET, MENTHE
ET CORIANDRE
↳ www.foodforlove.fr

ANANAS
NATURE

VENDREDI

FILET DE SOLE AU GINGEMBRE
↳ www.unjourunerecette.fr

POMMES AU FOUR AU MIEL,
CANNELLE & PAIN D'ÉPICE
↳ www.papillesetpupilles.fr

SAMEDI

EN PRÉVISION DE LA SOIRÉE
DIABOLIQUE CHEZ LES COPAINS,
JE MANGE LÉGER À MIDI...

GASPACHO
↳ www.lacuisinedebernard.com

COMPOTE DE POMMES

DIMANCHE

COURGETTES RONDES FARCIES VÉGÉTARIENNES
↳ www.lesrecettesdejuliette.fr

AGRUMES EN SALADE
AU SIROP DE THÉ
↳ www.artichautetcerisenoire.fr

SUSHIS NIGHT

YUMiii!
MiAM!

dumi

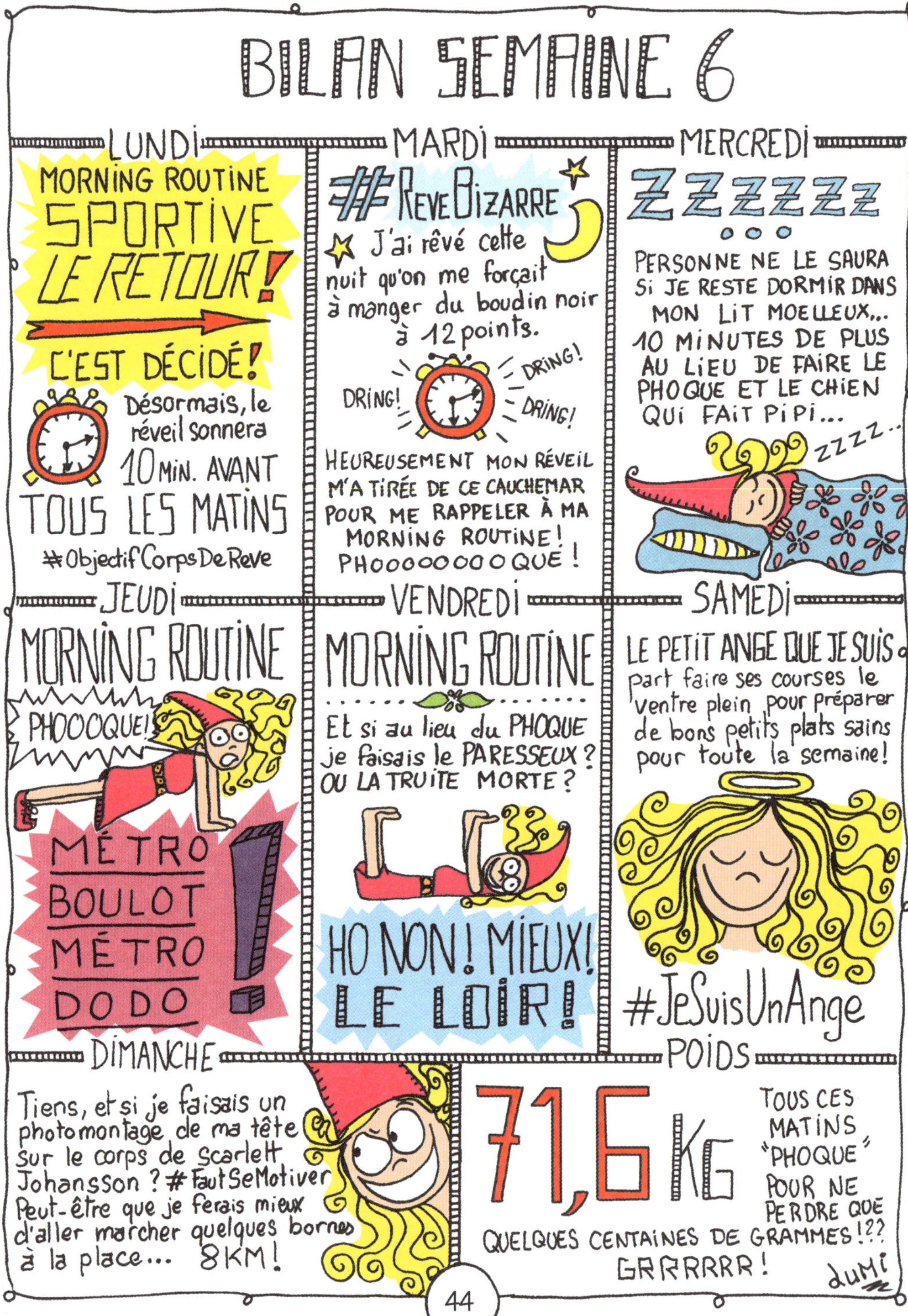
BILAN SEMAINE 6
LUNDI
MORNING ROUTINE SPORTIVE LE RETOUR !
C'EST DÉCIDÉ !
Désormais, le réveil sonnera 10 MIN. AVANT TOUS LES MATINS
#ObjectifCorpsDeReve
MARDI
#ReveBizarre
J'ai rêvé cette nuit qu'on me forçait à manger du boudin noir à 12 points.
DRING !
DRING !
DRING !
HEUREUSEMENT MON RÉVEIL M'A TIRÉE DE CE CAUCHEMAR POUR ME RAPPELER À MA MORNING ROUTINE ! PHOOOOOOOOQUE !
MERCREDI
ZZZZZZ
PERSONNE NE LE SAURA SI JE RESTE DORMIR DANS MON LIT MOELLEUX... 10 MINUTES DE PLUS AU LIEU DE FAIRE LE PHOQUE ET LE CHIEN QUI FAIT PIPI...
ZZZZ...
JEUDI
MORNING ROUTINE
PHOOOQUE !
MÉTRO BOULOT MÉTRO DODO !
VENDREDI
MORNING ROUTINE
Et si au lieu du PHOQUE je faisais le PARESSEUX ? OU LA TRUITE MORTE ?
HO NON ! MIEUX ! LE LOIR !
SAMEDI
LE PETIT ANGE QUE JE SUIS part faire ses courses le ventre plein pour préparer de bons petits plats sains pour toute la semaine !
#JeSuisUnAnge
DIMANCHE
Tiens, et si je faisais un photomontage de ma tête sur le corps de Scarlett Johansson ? #FautSeMotiver
Peut-être que je ferais mieux d'aller marcher quelques bornes à la place... 8 KM !
POIDS
71,6 KG
TOUS CES MATINS "PHOQUE" POUR NE PERDRE QUE QUELQUES CENTAINES DE GRAMMES !?? GRRRRRR !
duMi

AU BUREAU, À 11H PILE, RÉSONNE LE CRI DE LA LUMI AFFAMÉE
J'AI FAiiiiiiM!
Je me suis acheté une belle pomme pour l'en-cas du matin!
- Jolie pomme brillante
- comme celle que la vieille sorcière propose à BLANCHE-NEIGE.
BIO MAN LE RETOUR!
Tu SAIS JUSQU'À COMBIEN DE TRAITEMENTS CHIMIQUES ON PEUT TROUVER SUR UNE POMME ?
BIO MAN
???
HEU... NON... JE SAIS PAS.
35*!!!
Pourquoi tu crois qu'elle brille autant ?
* SOURCE : GREENPEACE
MANGEZ MES POMMES!
EMPOISONNÉES!
IIIK!!! DÉGUEUX!
NiiiiiARK! CREVEZ TOUS!!! JE VEUX VENDRE! VENDRE! VENDRE! POUR DEVENIR RICHE! RICHE! RiiiiiCHE!
BEURK!
RICHE! RICHE! RICHE! RICHE! RiiiiCHE!
RIP
FOSSE COMMUNE À INSECTES
PAPA & MAMAN VER
BÉBÉ VER
RIP FAMILLE VER
RIP FAMILLE ABEILLE
Pour éviter de manger trop de pesticides, ÉPLUCHE TES POMMES sur 1cm de profondeur ou alors... ACHÈTE BIO!
dumi

L'ADDICTION AU SUCRE

Ça me fait rire les gens qui disent avoir arrêté de fumer alors qu'ils sont accrochés à leur cigarette électronique comme des enfants à leur tétine. Je me faisais cette réflexion en sucrant mon smoothie à l'aspartame. C'est alors que la réalité m'a frappée : je suis comme les vapoteurs, remplaçant une dépendance par une autre ! En me documentant sur l'addiction au sucre, j'ai découvert cette expérience scientifique assez incroyable…

LE CERCLE VICIEUX DE L'ADDICTION AU SUCRE
SENTIMENT DE RÉCONFORT ET DE JOIE
SENTIMENT DE CULPABILITÉ
TRISTESSE DÉPRESSION
C'EST LA FAIM DU MONDE !
ORGIE DE SUCRE
INSTANT DÉCISIF POUR BRISER LE CERCLE
LE SEVRAGE
Le sucre crée une dépendance PHYSIQUE : le manque provoque tristesse, dépression ou agressivité.
IL crée également une dépendance PSYCHOLOGIQUE : l'habitude de terminer ses repas par une note sucrée et l'association du sentiment de récompense inculqué depuis l'enfance (« Si tu es sage, tu auras le droit à une glace ! »). Comme pour toute addiction, il faut arrêter l'absorption de la substance durant 21 jours pour ne plus ressentir le manque. Tu dois donc cesser de consommer des produits industriels durant cette période !
POURQUOI ARRÊTER LES PRODUITS INDUSTRIELS ?
Jamais à court d'idées, les industriels ont compris qu'en cachant du sucre un peu partout, ils créeraient une dépendance des consommateurs à leurs produits... Céréales, biscuits, sauces, plats préparés salés et même certaines marques de JAMBON !
LE SUCRE EST ABSOLUMENT PAAARTOUT !
NIIIIARK ! JE VEUX VENDRE ! VENDRE ! VENDRE !
POUR DEVENIR RICHE ! RICHE ! RIIICHE !
M. INDUSTRIAPOULOS
CONSOMMATION DE SUCRE EN FRANCE
DÉBUT DU 19e SIÈCLE
2 Kg / an / personne
AUJOURD'HUI
35 Kg / an / personne
ÉPIDÉMIE D'OBÉSITÉ
dumi

UN WEEK-END EN BRETAGNE

Un régime est plus facile à suivre quand on est chez soi, les placards vides de toutes cochonneries, et quand on prévoit à l'avance les menus de la semaine. Mais qu'en sera-t-il quand je serai dans la belle-famille ?

Se retrouver durant de longues heures autour des plaisirs de la table est ancré dans notre culture. Comment gérer cette pression sociale des retrouvailles familiales qui nous poussent à manger plus que de raison ? Comment refuser les palets bretons de belle-maman et les andouilles de Guémené de la belle-sœur ? Et comment éviter le plan crêperie (galettes saucisses, crêpes caramel au beurre salé...) avec les copains ?

MÉTHODE ANTIRÉSURRECTION DE KILOS
La méthode consiste à faire 15 minutes de morning routine tous les matins au réveil...
PHOOOQUE !
Puis à prendre un petit-déjeuner composé exclusivement de fruits... Mais j'avais oublié un paramètre...
LA BELLE-MÈRE POULLAOUEC !
MAIS ATTENDS ! Je t'ai acheté de la pâte à tartiner au caramel au beurre salé, avec de la bonne brioche !
LA BELLE-MÈRE POULLAOUEC !
PUIS VIENT LA PERTE TOTALE DE CONTRÔLE...
HOOO NOOOON ! LE GAVAGE RECOMMENCE !
Hiiii ! HiiHiii ! HiiHiii ! Hiiii !
C'EST L'HEURE DE L'APÉROOO !
DU CIIIDRE BRUT FERMIER !!!!
J'ai un petit sauciflard au comté à te faire goûter !
J'AI PRÉPARÉ UN KIG HA FAAAARZ ! UNE POULARDE ! DES FRIIITES MAISON ! DES CRÊPES ! HO OUI !!! DES BONNES CRÊPOUILLES !!! MIAM ! MIAM !!!
Lumi

REGAAAAARDE!!!
Je t'ai cuisiné un bon gros KOUIGN-AMANN !
ANATOMIE DU KOUIGN-AMANN BRETON
BOUCHAGE D'ARTÈRES GARANTI !
C'EST UNE RECETTE SUPER FACILE!!!
1/3 DE FARINE!
1/3 DE SUCRE!
1/3 DE BON BEURRE BRETON DE LA FERME TOUT NATUREL! EXCELLENT POUR LA SANTÉ!
MIAM! MIAM!
JE T'AIME BELLE-MÈRE POULLAOUEC!
#COEURAVEC LES DOIGTS
IMPEC POULLAOUEC SHARLUBÊR
dumi

RETOUR DE WEEK-END
L'ÉPREUVE DE LA BALANCE
IIIIIIIIIIIIIIH!!!
RÉSURRECTION DE KILOS!
NOOOOOOOON!
BIG GIRLS DON'T CRY
FERGIE
722
BON... SI JE RETIRE LE POIDS DE MES SOUS-VÊTEMENTS, MES BIJOUX, MES ONGLES LONGS ET MES CHEVEUX, SOIT ENVIRON 400g, JE N'AURAIS PRIS QUE 700g... C'EST PAS SI CATASTROPHIQUE QUAND ON PENSE À TOUT CE QU'ON M'A FORCÉE À MANGER...
ALLEZ!
UN KILO VITE PRIS
EST
UN KILO VITE PERDU!
RETOUR AUX BONNES HABITUDES ALIMENTAIRES!
dumi

BILAN SEMAINE 8
LUNDI
JOURNÉE DE PLUIE SANS PARAPLUIE !
#JourneeDeLaLoose
MARDI
À FAIRE : 1 PAGE DE PUB... 2 PAGES DE PUB... 10 PAGES DE PUB... 50 PAGES DE PUB...
#DonnezMoiDuChocolat
MERCREDI
ALERTE BOUCLAGE !
VIVEMENT LE LONG WEEK-END !
JEUDI
=18:08=
DÉPART POUR =MORLAIX=
LE PAYS DU KOUIGN-AMANN TOUT GRAS !
#WeekEndBienMerite
VENDREDI
AAAAAAH ! LA MER !
8Km DE PROMENADE DIGESTIVE EN BORD DE MER
SAMEDI
DES CRÊPES ! DU KIG HA FARZ ! DU CARAMEL AU BEURRE SALÉ ! DU CIIIDRE !
VIVE LA BRETAGNE !
DIMANCHE
DÉPART POUR PARIS PRÉVU À 14:18
Tout juste le temps d'avaler une crêpouille bien grasscuillette avant de partir !
POIDS
72,2KG
RÉSURRECTION DE KILOS !
Lumi

Novembre
IL FAIT FROiiiiiD... PAS ENVIE DE FAIRE DU SPORT...
POURQUOi ON N'HiBERNE PAS COMME LES OURS?
INVENTE DE NOUVELLES RECETTES AVEC CHACUN DES FRUiTS ET LÉGUMES DE LA LiSTE!
T'ES SÛRE QUE LE CHOCOLAT N'EST PAS UN FRUiT?
On pourrait rester sous la couette avec un bon p'tit chocolat chaud!
=FRUiTS & LÉGUMES DE SAiSON=
CLÉMENTiNES
ORANGES
NOiX
MARRONS
KiWiS
MANGUES
POiRES
POMMES
PAPAYES
BANANES
CRESSON
ENDiVES
POiREAUX
POMMES DE TERRE
PANAiS
CAROTTES
MÂCHE
COURGES
OiGNONS
TOPiNAMBOURS
=NOVEMBER RAIN=
GUNS N'ROSES
Lumi

FAIS DU BIEN À TON CORPS POUR QUE TON ÂME AIT ENVIE D'Y RESTER !
PSSSST ! TU VAS PAS ME DIRE QUE TU PASSERAS L'HIVER SANS MANGER UNE BONNE GROSSE RACLETTE ??!
C'EST VRAI ÇA ! HIVER SANS RACLETTE = MORAL DANS LES CHAUSSETTES !
CHÉÉÉÉRiiiii!!! HiHi!!! Regarde ce que j'ai acheté pour ce soiiir!!! De la raclette ! MIAM! MIAM! De la charcuterie et des bonnes grosses pommes de terre!!!
HEU.. TU ES SÛRE ?
M'SIEUR POULLAOUEC
PUIS, UNE FOIS LA PEAU DU VENTRE BIEN TENDUE, ARRIVE LE TEMPS DE LA CULPABILITÉ...
LA TERRIBLE CULPABILITÉ !
MAIS POURQUOI TU NE M'AS PAS EMPÊCHÉE DE MANGER TOUT ÇA, M'SIEUR POULLAOUEC?!
C'EST DE TA FAUTE !
JE NE ME SUIS MÊME PAS RÉGALÉE, C'ÉTAIT TROP GRAS ! J'AI MAL AU VENTRE !
JE NOUS DÉTESTE, MOI ET TOUT MON GRAS !!!
dumi

LE PARADOXE

DES FRUITS & LÉGUMES BIO EN SUPERMARCHÉ

PRODUITS MARAÎCHERS BIO

PRODUITS MARAÎCHERS PLEINS DE PESTICIDES

Pommes bio emprisonnées dans des emballages plastiques et barquettes.

Pommes libres, qui ont été traitées avec toutes sortes de produits chimiques dont on ne doit pas prononcer les noms.

Il faut libérer les produits bio respectueux de la nature! Pourquoi ce ne sont pas les produits issus de l'agriculture conventionnelle qu'on emballe dans des plastiques qui polluent nos océans? Et pourquoi n'étiqueter que le bio, sans se préoccuper des autres fruits et légumes?! J'aimerais bien connaître tous les produits chimiques que j'ingurgite après tout!

Je me rends donc au marché pour acheter mes fruits et légumes en pensant bêtement que les maraîchers proposeraient du bio. Et à ma grande surprise...

RÉSULTAT:

Me voilà obligée de faire 20 minutes de voiture (polluante!) pour pouvoir choisir mes fruits et légumes non emballés dans un magasin bio!

Lumi

« Finis ton assiette, tu auras ton dessert ! »
MAMAN ! PAPA ! J'AI PLUS FAIiiiiiiiiM !
LUMI, PENSE À TOUS CES ENFANTS QUI MEURENT DE FAIM DANS LE MONDE !
ALLEZ ! FINIS TON ASSIETTE ET TU AURAS TON DESSERT !
HOOOOUiiii !!! DU SUUUCRE !!!
Parents pensant bien faire, mais rendant le sucre encore + désirable.
QUEL ENFANT N'A JAMAIS VÉCU CE GENRE DE SITUATION ?
Une étude menée par des chercheurs de l'Université du Minnesota a démontré qu'obliger un enfant à finir son assiette augmenterait le risque d'obésité et les troubles du comportement alimentaire... Aujourd'hui adulte, je termine systématiquement mon assiette alors que je suis rassasiée au bout de 3 bouchées...
J'AI PLUS FAIM... ! Mais ce serait cruel de laisser cette crevette... Elle est morte pour moi ; je ne vais pas gaspiller !
CULPABILITÉ INSOUTENABLE !
MANGE-MOI !
Mes signaux ont été perturbés durant de nombreuses années à coup de discours culpabilisants. L'heure du changement a sonné ! Dès aujourd'hui, je vais apprendre à réduire mes portions et écouter mon corps afin de manger juste ce dont j'ai besoin... QUITTE À NE PAS FINIR MON ASSIETTE !
NON ! JE NE TE MANGERAI PAS ! JE N'AI PLUS FAIM !
MAIS JE SUIS MORTE POUR TOI...
LE CHANGEMENT C'EST MAINTENANT !
#ResolutionDeFoufou
Lumi

JE NE SUIS PLUS EN SURPOIDS!

70,8 KILOS ! J'AI PERDU 4,5 KILOS EN TOUT !

Quelle joie de voir apparaître sur ma merveilleuse balance ce chiffre qui me classe dans la catégorie des gens en bonne santé !

dumi

NOM D'UNE PAIRE DE GUÊTRES !
ME VOILÀ OBLIGÉE D'ALLER FAIRE LES BOUTIQUES !
JE FLOTTE DANS MES VÊTEMENTS !
=ADIEU= BOURRELETS ! Encore quelques Kilos en moins et à toi le biKini doré de la PRINCESSE LEIA !
LE TEMPS DU SHOPPING DE RÉCOMPENSE EST ARRIVÉ !
#ShoppingEmotion
Bonjour toi, petite robe sexy que je n'aurais jamais osé convoiter il y a encore trois mois !!!
T40
LE MEILLEUR SHOPPING DE L'ANNÉE !
Lumi

MES DÎNERS DE LA SEMAINE

LUNDI

SOUPE DE PANAIS, NAVET AU LAIT DE COCO & À L'ANIS
www.artichautetcerisenoire.fr

= SMOOTHIE ROSE = DES GARÇONS
FRAISE, BANANE, POIRE
www.green-me-up.com

MARDI

DOS DE CABILLAUD & FONDUE DE POIREAUX
www.amourdecuisine.fr

SALADE DE BANANES ET MANGUES
www.supertoinette.com

MERCREDI

ROULEAUX DE PRINTEMPS POULET-MANGUE
www.beaualalouche.com

CRÈME VELOUTÉE DE POMMES & NOISETTES
www.cleacuisine.fr

JEUDI

OEUFS COCOTTE
www.elle.fr

SALADE D'AGRUMES
www.vegemiam.fr

VENDREDI

VELOUTÉ DE TOPINAMBOURS & JAMBON SERRANO
www.latetedanslefrigo.com

YAOURT AU MIEL
www.supertoinette.com

SAMEDI

KARJALANPAISTI (RAGOÛT CARÉLIEN)
www.finncuisine.blogspot.fr

GÂTEAU LÉGER À L'ANANAS
www.fourchetto-et-bikini.fr

DIMANCHE

POTIMARRON VERSION BRICKS PAYSANNES
www.cleacuisine.fr

SMOOTHIE VERT
POMME - CONCOMBRE ÉPINARDS

ONE PIECE
LE FRUIT DU DÉMON
YOUTUBE GASTRONOGEEK
[S01E09]

duni

LES SMOOTHIES VERTS
Il paraît que les stars américaines ne jurent que par les smoothies verts à base de fruits et légumes verts... QUELLE DRÔLE D'IDÉE ! Mais apparemment c'est excellent pour la santé et ça favorise LA PERTE DE POIDS !
MAGAZINE DE NANA
Mélanger des fruits et des légumes verts ?!? MAIS QUELLE HÉRÉSIE ! Tu crois tout de même pas me faire avaler tes machins verts ! Il n'y a que HULK ou SHREK pour boire des trucs pareils !!!
Les smoothies verts sont excellents pour faire le plein de chlorophylle, de vitamines en tous genres et de fibres. En boire quotidiennement permet également d'avoir sa dose de légumes crus, qui apportent plus de nutriments que lorsqu'ils sont cuits. Vive les smoothies verts !
RECETTE DE LA POTION VERTE
2 POMMES VERTES
Si elles sont bio, garder la peau où se trouve un puissant antioxydant et anti-inflammatoire : LA QUERCÉTINE. Si ce n'est pas le cas, bien éplucher pour ne pas boire un smoothie AUX PESTICIDES !
2 KIWIS
1 MORCEAU DE GINGEMBRE FRAIS PELÉ ET RÂPÉ
2 POIGNÉES DE JEUNES POUSSES D'ÉPINARDS
1 VERRE D'EAU PLATE OU PÉTILLANTE
NOUVEAU BLENDER TIP TOP !
Il faut admettre qu'il est bon son smoothie vert...
Dumi

AAAAAAAA....
AAAAAAAAAH
JE SUIS TOUTE SNIFLY !
J'AI COMME DU SABLE DANS LES YEUX... UN HÉRISSON DANS LA GOOOOOORGE... #PauvreMoi #Calimero
Pas étonnant que tu sois malade... Tu as vu comment tu te nourris dernièrement ? Et puis ça fait 3 semaines que tu ne prends plus ton CITRON MAGIQUE !
VISITE CHEZ LE DOC'
VOUS AVEZ UNE CONANGINUSITE ! HAHA ! Mot effrayant pour désigner une conjonctivite, une angine ET une sinusite ! Prenez donc ce cocktail de MÉDOCS !
HAAAAA ?... Et il n'y aurait pas quelque chose de plus naturel que tous ces médocs ?
NOOOOOON !!!
OK... Je vais suivre le traitement. Mais je vais tout de même chercher s'il n'existe pas des remèdes naturels pour rebooster mes défenses immunitaires... Et puis son sirop contre le hérisson qui squatte ma gorge, il n'aide pas vraiment... À moins de boire toute la bouteille à chaque prise !

Remède de Grand-mère

contre les gros rhumes

INGRÉDIENTS

1 VERRE D'EAU — 1/2 CITRON — 1 MORCEAU DE GINGEMBRE — 3 BRANCHES DE THYM — 1 CS DE MIEL

PRÉPARATION

- ☑ Presser le demi-citron.
- ☑ Peler et râper le gingembre.
- ☑ Porter l'eau à ébullition.
- ☑ Ajouter dans la casserole le thym, le gingembre, le jus de citron et le miel.
- ☑ Remuer 1 minute, couper le feu et laisser infuser 3 minutes.
- ☑ Verser la préparation dans la tasse à travers un chinois et déguster.

FUMIGATION D'EUCALYPTUS TUEUR DE VIRUS

L'eucalyptus possède des vertus anti-infectieuses et anti-inflammatoires. Pour combattre les gros rhumes, faire bouillir 3 minutes dans de l'eau puis verser dans un bol et respirer les vapeurs pendant une dizaine de minutes.

Lumi

AU BUREAU...
Je suis malaaaade ! Il paraît que le miel est super efficace pour combattre le mal de gorge. C'est un remède NA-TU-REL ! Je vais en mettre dans ma tisane. Et comme c'est à usage thérapeutique, je ne vais pas compter les points !
MIEL
COLLÈGUES
BIO MAN
MMMMmmh... C'est pas mal le miel... J'avais oublié comme c'était bon de sucrer ma tisane...
Et puis c'est NA-TU-REL... MIAM ! Je vais en boire une autre... Mmmmh...
MIAM ! MIAM ! C'est vrai que ça fait du bien à la gorge... Je vais m'en refaire une, tiens...
MiiiiAM ! Puis une autre avec une grosse cuillère à soupe... Voiiiiiiilà ! ADIEU MAL DE GORGE ! MiiiAM !
MIEL
EN FIN D'APRÈS-MIDI
QUOI ?? ! IL N'Y A DÉJÀ PLUS DE MIEL ???
Dis DONC WINNIE L'OURSON ? C'est toi qui as terminé tout le pot de miel ??? Tu étais pas au régime ???
Mais puisque je vous dis que c'est du miel à usage THÉRAPEUTIQUE ! Ça fait pas grossir ÇA SOIGNE !!!
MIEL
BIO MAN
Désolé de te le dire mais qu'il soit thérapeutique ou non, un pot de miel, ça reste super calorique ! Ça calme la gorge et file direct DANS LES FESSES ! HAHA !
DIOS MIO
WOUAF !
! ? !
DUMI

18:30 DANS LE MÉTRO
CHOCO MIAM-MIAM
CHOCO MIAM-MIAM
QUI VEUT DES BISCUITS CHOCO MIAM-MIAM TROP BONS PLEINS DE SUCRE POUR DEVENIR ACCRO ?
MOI MOI MOIiiiiiii! GOLLUM ! GOLLUM ! MON PRÉCIEUX !
CHOCO MIAM MIAM
1re DOSE GRATUITE !
HOOOOOUiiii! DU SUCRRRE !
CHOCO MIAM
PUIS, UNE FOIS LE BISCUIT ENGLOUTI SECRÈTEMENT...
C'ÉTAIT TROP BON ! Mais combien de points il fait MON PRÉCIEUX ? voyons... CALORIES...!!!! + LIPIDES...!???!
L'OEIL DE SAURON VOIT TOUT !
MIAM MIAM
AAAARGH !!! HORREUR ! KOOOAAAA !?!
5 POINTS LE BISCUIT ! MÊME SI PERSONNE NE M'A VUE ?!
CE QUE TU MANGES EN PRIVÉ, TU LE PORTES EN PUBLIC
dumi

LA THÉORIE DU PALIER MAUDIT

QUAND ON FAIT UN RÉGIME, IL N'EST PAS RARE DE CONSTATER UNE PÉRIODE TERRIBLEMENT FRUSTRANTE OÙ LA PERTE DE POIDS STAGNE MALGRÉ TOUS LES EFFORTS. LE CORPS, HABITUÉ À RECEVOIR MOINS D'ÉNERGIE, OPTIMISE LES CALORIES QU'ON LUI OFFRE AU QUOTIDIEN AU LIEU DE LES BRÛLER... SALE TRAÎTRE !

C'EST CE QU'ON APPELLE LE "PALIER MAUDIT."

COMMENT EN RÉCHAPPER ?

POUR EN SORTIR, IL Y A DEUX SOLUTIONS :

SOLUTION 1 : BOUSCULER NOS HABITUDES

- Bouger plus et varier les exercices ou sports pratiqués.
- Changer nos habitudes alimentaires. Repérer, par exemple, les aliments que l'on mange quotidiennement et les remplacer par d'autres.
- Déshabituer ce traître-de-corps-optimisateur-de-calories à recevoir ses 3 repas quotidiens durant quelques jours en lui donnant 5 petits repas par jour.

SOLUTION 2 : LA PATIENCE

Attendre patiemment que ce traître-de-corps-optimisateur-de-calories passe cette période maudite.

Dumi

BILAN DU MOIS DE NOVEMBRE
SEMAINE 9
71,2 KILOS
J'AI ÉTÉ (PRESQUE) SUPER SAGE !
JE PEUX ENTERRER LE KILO BRETON AU CIMETIÈRE GRAISSEUX
SALADE… SALADE… SALADE… SOUPE…
SALADE… RACLETTE !!! SOUPE… SALADE…
R.I.P. IMMONDE KILO BRETON
SEMAINE 10
70,8 KILOS
ADIEU SURPOIDS
GNIII !
HIHIIII !!!
SEMAINE 11
70,6 KILOS
?
JE M'ATTENDAIS À PERDRE PLUS… J'AI PEUT-ÊTRE UN PEU TROP ABUSÉ DU MIEL THÉRAPEUTIQUE…
SEMAINE 12
70,5 KILOS
TOUS CES EFFORTS POUR NE PERDRE QUE 100g ??! Je veux descendre en dessous de 70 kilos moi !
#MauditPalier
Lumi

GNiiiii !
Décembre
C'EST LA MEILLEURE PÉRIODE DE L'ANNÉE !
JINGLE HELLS BELLS
AC/DC
☑ SUCRES D'ORGE
☑ JAMBON DE NOËL
☑ MAISON DE PAIN D'ÉPICE
☑ CHOCOLATS
☑ CHAMPAGNE
☑ FOIE GRAS
☑ BÛCHE GLACÉE
☑ DINDE AUX MARRONS
☑ FROMAGE ! HO OUiiii !
☑ DU SUUUUCRE !!!
☑ DU GRAAAAAS !!!
EN HIBERNATION JUSQU'AU 1ER JANVIER
ZZZZ...
ZZZZ...
ZZZZ...
ZZZZ...
Un repas est insipide, s'il n'est assaisonné d'un brin de folie.
= Erasme =
dumi

J'AI L'IMPRESSION QUE MA VIE TOURNE AUTOUR DES POINTS ET QUE JE SUIS DEVENUE PRISONNIÈRE DE MON RÉGIME.

J'ai lu que l'Anses (Agence nationale de sécurité sanitaire de l'alimentation, de l'environnement et du travail) a conclu que tous les régimes étudiés, sans exception (dont le mien !), entraînent des déséquilibres nutritionnels. Ce rapport signale également des conséquences psychologiques et comportementales non négligeables : une mauvaise estime de soi, des risques de dépression ainsi que des dérèglements des signaux de faim et satiété.

À PARTIR D'AUJOURD'HUI, JE NE SERAI OFFICIELLEMENT PLUS AU RÉGIME ! CELA NE VEUT PAS DIRE QUE JE NE VEUX PLUS PERDRE DE POIDS ET QUE JE VAIS RENONCER AUX BONNES HABITUDES ALIMENTAIRES. JE DÉCIDE SIMPLEMENT D'ÊTRE RESPONSABLE ET RAISONNABLE TOUT EN CONTINUANT DE PRIVILÉGIER LES ALIMENTS ALCALINS.

MANGER DE TOUT, N'ABUSER DE RIEN !

FREE AS A BIRD
= THE BEATLES =

Lumi

C'EST PIKKUJOULU!
QU'EST-CE QUE LE PIKKUJOULU ?
Célébré généralement en entreprise ou entre amis, le Pikkujoulu marque le début des festivités de Noël en Finlande. C'est une fête synonyme de bonne bouffe, d'alcool et de KRAPULA (gueule de bois)!
Les participants, habillés de rouge, sont coiffés d'un chapeau de "tonttu" (Lutin) et apportent un cadeau de moins de 10 € à échanger.
ON DANSE ! ON CHANTE !
ON MANGE PLEIN DE CHOSES GRASSOUILLETTES!
ON BOIT (BEAUCOUP) DE JOULUGLÖGI (VIN CHAUD)!
KIPPIS*!
* TCHINTCHIN !
ET À MINUIT, ON S'ÉCHANGE LES CADEAUX APRÈS AVOIR CHANTÉ "PETIT PAPA NOËL" PRÈS DU SAPIN...
HEIN ??? C'EST QUOI CE CADEAU TOUT POURRI ?!! UN DAUPHIN-ATTRAPE-CURE-DENTS ?! QUI A OFFERT CETTE MERDE ?!?
ZZZZZZZ... L'ABUS D'ALCOOL EST DANGEREUX POUR LA SANTÉ... ZZZZZ...
Puis on peste, se jurant d'acheter un cadeau au moins aussi stupide l'année d'après !
Lumi

= RECETTE =

LE GRAVLAX QUI DÉCHIRE UN MAX !

⚠ - À PRÉPARER LA VEILLE

INGRÉDIENTS
POUR 6 PERSONNES

- ☑ 600g de filets de saumon sauvage
- ☑ 200g de gros sel
- ☑ 100g de sucre en poudre
- ☑ 20g de mélange de poivre 5 baies
- ☑ 1 boîte d'aneth frais
- ☑ 2 oignons rouges
- ☑ 1 citron
- ☑ Du pain
- ☑ De l'huile d'olive

1. Écaillez la peau du saumon et ôtez les arêtes.
2. Concassez le mélange de poivre 5 baies, ajoutez-le au gros sel, au sucre et à l'aneth frais. Mélangez bien.
3. Répartissez cette préparation dans un plat à rebords (attention, le saumon rendra de l'eau !) puis posez le poisson dessus, côté chair. Recouvrez d'un film alimentaire et laissez mariner 12H au frais.
4. 12h plus tard, rincez le saumon sous l'eau claire.
5. Émincez les oignons, pressez le citron et coupez de fines tranches de saumon.
6. Grillez des tranches de pain sur lesquelles vous déposerez le saumon.
7. Assaisonnez avec le jus de citron, quelques brins d'aneth frais, des morceaux d'oignons et un filet d'huile d'olive.
8. Fermez les yeux et... Dégustez !

dumi

VACANCES DE NOËL SUR LA CÔTE BASQUE
HOP! HOP! DIRECTION LE PAYS DE LA BONNE BOUFFE : LE PAYS BASQUE ! JE VAIS ALLER FÊTER NOËL EN FAMILLE CHEZ MES PARENTS ET OUBLIER CE RÉGIME JUSQU'À MON RETOUR... LA VOIX DE LA RAISON EST ENTRÉE DANS UN SOMMEIL PROFOND DE TOUTE FAÇON !
YIIIIIIIHAA! ON VA S'EN FOUTRE PLEIN LA LAMPE !
SURFIN' USA
THE BEACH BOYS
ZZZ
ZZZZ
ZZZz
dumi

LE PIPARKAKKUTALO
MA TRADITIONNELLE MAISON DE PAIN D'ÉPICE ! QUE SERAIT NOËL SANS LA FABRICATION DE CETTE SPLENDEUR SUCRÉE ?!
LES MORCEAUX DE PAIN D'ÉPICE SONT FIXÉS AVEC DU CARAMEL !
L'INTÉRIEUR EST CREUX ET REMPLI DE BONBONS DÉLICIEUX !
LA NEIGE EST CONSTITUÉE D'UN MÉLANGE DE SUCRE GLACE ET DE BLANCS D'ŒUFS !
LA TÊTE D'HANSEL EST COLLÉE AVEC DU CARAMEL ! VIVE LE CARAMEL RÉPARE-TOUT !
LE BRAS DE GRETEL EST RECOLLÉ AVEC DU CARAMEL
HOOOOOOUiii !! DU SUCRE !!
JE TE RETROUVE LUMi !!!
#GrosGrosCœurAvecLesDoigts
LUMi

Réveillon de Noël
CHAMPAGNE GLOUGLOU
CHAAAMPAGNE!
BISCUITS APÉRITIF MAISON EN FORME DE SAPIN!
KARJALANPIIRAKKA* & MUNA VOI!!!
*VOIR P.8
HIHI!
SAUMON GRAVLAX QUI DÉCHIRE UN MAX!
LE JAMBON DE NOËL!
ROULÉ DE KOUIGN-AMANN FOURRÉ AU CARAMEL AU BEURRE SALÉ!
JE NE MANGE ÉVIDEMMENT PAS DE MON PLEIN GRÉ! ON ME FORCE À INGURGITER TOUTES CES CHOSES DÉLICIEUSES...
#MauvaiseFoi1JourMauvaiseFoiToujours
LUMI

ET EN CETTE NUIT MAGIQUE DU 24 DÉCEMBRE, LE PÈRE NOËL S'ENVOLE DU KORVATUNTURI (EN LAPONIE FINLANDAISE) AVEC SA HOTTE REMPLIE COMME MON VENTRE POUR M'APPORTER LE PLUS GEEK DES CADEAUX !
IIIHIIHI! UN BRACELET FITBIT CONNECTÉ POUR COMPTER MES PAS QUOTIDIENS!
BRACELET FITBIT
C'EST QUOI ENCORE CE CADEAU TOUT POURRI !?? PFFFFFFF, AUSSI INUTILE QUE LE DAUPHIN-ATTRAPE-CURE-DENTS!
ZZZzzz...
SPOOOOOOORT...
ZZzzzz...
dumi

LE MARATHON DES FÊTES

QUAND JE RETOURNE CHEZ MES PARENTS, J'EN PROFITE POUR VISITER LA FAMILLE ET LES AMIS QUI HABITENT LA RÉGION. C'EST LE MARATHON DES FÊTES !

BILAN DU MOIS DE DÉCEMBRE
SEMAINE 13
69,5 KILOS
J'AI CHANGÉ DE DIZAINE !!!
GNIIII !
JE SUIS PASSÉE SOUS LA BARRE DES 70 KILOS !!! #FierteAbsolue
SEMAINE 14
69,2 KILOS
#DoucementMaisSurement
JE NE SUIS PLUS TRÈS LOIN DE MON POIDS IDÉAL. J'AIMERAIS ENCORE PERDRE 5 PETITS KILOS...
CE SONT LES PLUS DURS À PERDRE !
SEMAINE 15
#TheMinistryOfSillyWalks
PÉRIODE DE LUTINERIES MAXIMALE !
PAS LE TEMPS (NI L'ENVIE) DE ME PESER !
SEMAINE 16
69,9 KILOS
PIIIOUF !!!
J'ÉTAIS À DEUX DOIGTS DE LA RÉSURRECTION DE KILOS !
#KiloVitePrisKiloVitePerdu
Lumi

LA PETITE PHRASE QUI FAIT SUPER PLAISIR :
"HO ! MAIS DIS DONC ! TU AS VACHEMENT MAIGRI !"
#FierteAbsolue
#InstantEmotion
#CoeurDeGuimauveQuiFond
#AMoiLeCorpsDeBombasse

31 DÉCEMBRE
Le réveil de la Voix de la Raison
HIHIHI!
BONNE ANNÉE SHEITAN!
BONNE ANNÉE LUMI! QU'ELLE SOIT DOUCE ET GRASSE!!!
KÄÄK!
DIABLERIE!!!
MAIS QUE S'EST-IL PASSÉ DURANT MON HIBERNATION ANNUELLE!??
CHAMPAGNE GLOUGLOU
=ALL NIGHT=
PAROV STELAR
Lumi

Janvier
NOM D'UN KILO DE CELLULITE ADIPEUSE! REGARDE DANS QUEL ÉTAT TU T'ES MISE ?! IL SUFFIT QUE J'ENTRE DANS MON HIBERNATION ANNUELLE POUR QUE TU SOMBRES DANS LA DÉCADENCE !!!
J'AI MAAAAAL À LA TÊTE... J'AURAIS PAS UNE HACHE PLANTÉE DANS LE CRÂNE ? JE PROMETS D'ÊTRE TOUTE SAGE MAINTENANT !
HOP! UNE PETITE CURE DE FRUITS & LÉGUMES NE TE FERA PAS DE MAL !
QUOI ?! LA FÊTE EST FINIE ?!? NON NON NON! JE NE SUIS PAS D'ACCORD MOI !
FRUITS & LÉGUMES
CAROTTES
CÉLERI
POIREAUX
SALSIFIS
ENDIVES
TOPINAMBOURS
ANANAS
CLÉMENTINES
MANDARINES
ORANGES
PAMPLEMOUSSES
NEW YEAR'S DAY
U2
dumi

RÉSOLUTIONS

POUR LA NOUVELLE ANNÉE

1er JANVIER : COMME TOUS LES ANS, IL EST TEMPS D'ÉCRIRE NOIR SUR BLANC TOUTES CES RÉSOLUTIONS ~~QUE JE NE TIENDRAI PAS~~.

- ☑ PERDRE LES 5 KILOS RESTANTS.
- ☑ MARCHER 10 000 PAS TOUS LES JOURS.
- ☑ REPRENDRE SÉRIEUSEMENT MA MORNING ROUTINE SPORTIVE.
- ☑ ME COUCHER À HEURES RÉGULIÈRES.
- ☑ PASSER DE 3 À 2 TASSES DE CAFÉ PAR JOUR.
- ☑ MARCHER 10 KILOMÈTRES TOUS LES WEEK-ENDS.
- ☑ NE PLUS JAMAIS BOIRE D'ALCOOL. PLUS JAMAIS... JAMAIS... JAMAIS !!!
- ☑ CONTINUER À TENIR CE JOURNAL DE COMBAT CONTRE LA GRAISSE POUR NE PAS PERDRE DE VUE MON OBJECTIF ULTIME : ME TORTILLER AVEC MON NOUVEAU CORPS DE BOMBASSE EN BIKINI SUR UNE PLAGE AVEC ~~UN MOJITO~~ UNE EAU PÉTILLANTE !

RESOLUTION BLUES

CHINA MOSES

LUMI

Le marathon de la
Galette des rois
¡¡¡¡¡¡H!
J'ABANDONNE!
Qui dit nouvelle année dit aussi galette des rois et c'est reparti pour un marathon familial et amical pour déguster la traditionnelle frangipane… même si on n'aime pas ça!
NIiiiARK! C'EST PAS TERMINÉ!
TOP DÉPART!
BON… QUAND FAUT Y ALLER, FAUT Y ALLER! #COURAGE
Galette numéro ①
Quel intérêt d'en manger si tata Carole est tombée sur la fève à la première bouchée?…
Galette numéro ②
Et puis d'abord, c'est quoi cette tradition d'aller "SOUS la table"… ?
Galette numéro ③
Je la vois! La fève N'EST PAS dans ma part. Si je la donne au chien, personne ne le remarquera… Si?
Puis arrive la numéro ⑫ où je me fais (enfin) couronner… DOUBLEMENT!!!
J'AI EU LA FÈVE!!! J'ai gagné une couronne sur la tête et une autre dans les dents! C'est quoi cette idée stupide de mettre 2 fèves dans la même galette sans prévenir aussi ?!?
LUMI

JOUR DE DÉFI
Tiens ! Je vais lancer un défi "Un jour d'efforts" à mes p'tits amis de la communauté Fitbit ! Niark ! Je vais leur montrer de quel bois je me chauffe en explosant mon nombre de pas aujourd'hui !
DÉFI
DIOS MIO ! Lumi me lance un défi ? Elle croit tout de même pas que je vais la laisser remporter la coupe virtuelle de la gloire éternelle ?!!
CARMEN, collègue intrépide, amatrice de challenges, détenant elle aussi le bracelet de la communauté Fitbit.
JE COMMENCE MA JOURNÉE EN ME TORTILLANT SUR THRILLER DE MICHAEL JACKSON
...
À moi, la coupe virtuelle de la gloire éternelle ! Avec cette chorégraphie, je ne peux que gagner ! Niark ! Je vais tous les exploser !
PUIS J'ENCHAÎNE SUR LA JOURNÉE AU TRAVAIL APRÈS AVOIR MARCHÉ, MARCHÉ, MARCHÉ POUR ARRIVER À L'AGENCE...
Carmen ! On se fait une réunion en piétinant sur place ?!!
DIOS MIO ! C'est une bonne idée ! C'est très en vogue aux STATES !
"La victoire aime l'effort" Catulle
Lumi

MARCHER! MARCHER! MARCHER! MARCHER! SAUF POUR TRAVAILLER, DE LA JOURNÉE, JE N'AI ARRÊTÉ!
NIARK! Je les ai tous écrasés; pour l'instant, je suis en tête du classement! À moi, la coupe virtuelle de la gloire éternelle!
#MinistryOfSillyWalks
KOOOOOOAAA??!
COMMENT ÇA SE FAIT QUE CARMEN ME SOIT PASSÉE DEVANT À 5 MINUTES DE LA FIN DU DÉFI ?!?LA FOURBE!
NIARK
IL EST TEMPS DE SORTIR MON ARME SECRÈTE POUR L'EMPORTER: LA CHANSON OÙ IL EST IMPOSSIBLE DE RESTER EN PLACE!
JUMP AROUND
HOUSE OF PAIN
C'EST LE MOMENT DE TOUT DONNER POUR RATTRAPER CARMEN AVANT LES 12 COUPS DE MINUIT
#EnModeTortillageDeFesses
DIOS MIIIIOOO!!!
J'AI GAGNÉ LA COUPE VIRTUELLE DE LA GLOIRE ÉTERNELLE!!! ET J'AI MIEUX QUE TON HOUSE OF PAIN! LE MERENGUE!
KOOOOAAA?!!
JE NE SUIS QUE DEUXIÈME??!! ELLE A TRICHÉ! C'EST PAS POSSIBLE DE RIVALISER AVEC HOUSE OF PAIN!!!
LA MEUF LA PLUS MAUVAISE PERDANTE DU MONDE
EL TOM TOM
HENRY JIMENEZ Y LOS HOMEBOYS

FM
FLASH INFO!
L'Organisation mondiale de la Santé a classé la viande industrielle telle que le bacon ou les saucisses comme étant cancérigène et une cause directe de cancer chez l'humain. En manger pourrait être aussi dangereux que de fumer des CIGARETTES !!!
D'après l'OMS, consommer de la viande tous les jours augmente le risque de contracter un cancer colorectal de 18% !!!
KOOOOAA?!!
MAIS POURQUOI ILS NE LE PRÉCISENT PAS SUR LES PAQUETS DE VIANDE COMME ILS LE FONT SUR LES PAQUETS DE CLOPES ??!
FUMER TUE
SAUCISSES MIAM! MIAM!
MANGER DE LA SAUCISSE TUE
Lumi

M. INDUSTRIAPOULOS LE RETOUR !
HA NON !!!
JE NE SUIS PAS D'ACCORD DU TOUT ! COMMENT JE VAIS RESTER RICHE SI L'OMS SE MET À FAIRE DES ÉTUDES QUI DÉTRUISENT MON BUSINESS ?!!
ARRRGH !
JE VAIS ENCORE ÊTRE OBLIGÉ DE PAYER QUELQUES LOBBYISTES POUR SEMER LA CONFUSION DANS L'ESPRIT DES CONSOMMATEURS EN FINANÇANT UNE ÉTUDE QUI CONTREBALANCERA LES DÉCOUVERTES DE L'OMS... UNE FOIS LE DOUTE INSTALLÉ, ILS CONTINUERONT À ACHETER MA VIANDE COMME AVANT !
NIARK ! JE SUIS DIABOLIQUE !
500 €
ET SI JE LANÇAIS UNE CAMPAGNE TÉLÉVISÉE COMME LES PRODUCTEURS DE LAIT ?
LES SAUCISSES SONT NOS AMIES POUR LA VIE !
AAAAAARGH !! COMMENT S'Y RETROUVER ENTRE TOUTES CES INFOS CONTRADICTOIRES ??!!
LE LOBBYING EST INCRUSTÉ PARTOUT. VÉRIFIE TOUJOURS QUI A FINANCÉ L'ÉTUDE OU PUBLIÉ L'ARTICLE QUE TU LIS. CELA TE PERMETTRA DE SAVOIR S'IL Y A UN CONFLIT D'INTÉRÊT ET D'Y VOIR UN PEU PLUS CLAIR !
BIO MAN
LUMI

BILAN DU MOIS DE JANVIER
SEMAINE 17
69,7 KILOS
ON NE PEUT VAINCRE LE MAL QUE PAR LE MAL DISAIT JEAN-PAUL SARTRE
Reprends donc un peu de galette!
DUR DUR de reprendre mes bonnes habitudes alimentaires après l'avilissement des fêtes!
SEMAINE 18
69,2 KILOS
LES ALIMENTS QUI FLATTENT TROP LE GOÛT ET QUI FONT MANGER AU-DELÀ DU BESOIN EMPOISONNENT AU LIEU DE NOURRIR
= FÉNELON =
#AdieuProduitsIndustriels
SEMAINE 19
68,9 KILOS
ÇA CAILLE DEHORS !
JE SUIS OBLIGÉE D'ALLER MARCHER ?
SEMAINE 20
68,5 KILOS
L'ÉCHEC EST L'ÉPICE QUI DONNE SA SAVEUR
AU SUCCÈS !
= TRUMAN CAPOTE =
#JaimeMaBalance
#LaGraisseJeMenBalance
Lumi

Février
IL NEIGE ! J'ADOOORE LA NEIGE !
ALLEZ !!! AU MOIS DE FÉVRIER, ON REPART DU BON PIED !
J'AI FROID JUSQUE DANS LES OS... IL FAUT LES ENVELOPPER DANS UN PEU DE GRAS...
MANGER DES BONS PETITS PLATS EN SAUCE...
═ FRUITS & LÉGUMES ═
☑ ANANAS
☑ BANANES
☑ DATTES
☑ PAPAYES
☑ PAMPLEMOUSSES
☑ POMMES
☑ ORANGES
☑ CAROTTES
☑ CÉLERI
☑ CITROUILLES
☑ MÂCHE
☑ OIGNONS
☑ TOPINAMBOURS
☑ CHOU CHINOIS
YÈKATIT (FEBRUARY)
MULATU ASTATKE
LUMI

LA CHANDELEUR
IL Y A DES TRADITIONS AUXQUELLES ON NE PEUT ÉCHAPPER : LES CRÊPES DE LA CHANDELEUR CHEZ MAMIE POULLAOUEC !
Prends le louis d'or dans une main et fais tournoyer la crêpe dans les airs. Si elle retombe correctement dans la poêle, tu seras riche tout au long de l'année !
MAMIE POULLAOUEC
HOOOOUiii ! DU SUUUCRE !!!
HOOOOUiii ! UNE P'TITE CRÊPOUILLE AU SUCRE !!! JE VAIS DEVENIR RiiiiiCHE ! HiiiiHiiiHiiHii !
POUR CÉLÉBRER LA CHANDELEUR, FAIS DORER UN PEU DE BEURRE !
BON... LA RICHESSE C'EST PAS POUR CETTE ANNÉE...
RECOMMENCE AVEC PLUS DE BEURRE !
LUMi

6 FÉVRIER : JOUR DE FÊTE !

CHECK-LIST VALISE

4 JOURS / 3 NUITS

LISTE VOYAGEUSE

- [x] PASSEPORT
- [x] BILLETS D'AVION
- [x] TICKETS DE BUS
- [x] CARTE BLEUE
- [x] GUIDE DE VOYAGE

LISTE GEEKETTE

- [x] APPAREIL PHOTO + CHARGEUR
- [x] CARTES MÉMOIRE
- [x] TÉLÉPHONE + CHARGEUR
- [x] ADAPTATEUR DE PRISE
- [x] CHARGEUR FITBIT

LISTE GRIBOUILLEUSE

- [x] JOURNAL INTIME
- [x] CRITÉRIUM
- [x] GOMME
- [x] FEUTRES DE COULEUR
- [x] FEUTRE PIGMA MICRON 01

LISTE HABILLEMENT

- [x] 3 PETITES CULOTTES
- [x] 3 COLLANTS EN CACHEMIRE
- [x] 3 JUPES
- [x] 3 TOPS CHAUDS
- [x] 2 PULLS
- [x] 1 NUISETTE EN PILOU-PILOU

LISTE BEAUTÉ

- [x] FER À BOUCLER #JamaisSansMonFer
- [x] BROSSE À CHEVEUX + LAQUE
- [x] TROUSSE À MAQUILLAGE
- [x] SHAMPOING + GEL DOUCHE
- [x] BROSSE À DENTS + DENTIFRICE
- [x] COTONS-TIGES

Lumi

THE SCOTTISH BUCKET LIST

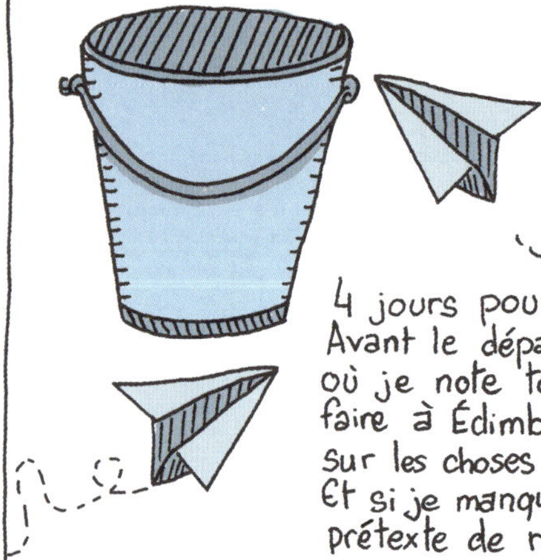

4 jours pour visiter la capitale de l'Écosse, c'est court ! Avant le départ, je crée donc ma Scottish Bucket List où je note toutes les choses que j'ai envie de voir ou faire à Édimbourg... Cette liste m'aidera à me concentrer sur les choses essentielles à réaliser pendant mon séjour. Et si je manque de temps, eh bien, ça me donnera le prétexte de revenir !

- [x] SHOPPING ! M'ACHETER UNE JUPE ÉCOSSAISE

- [x] GOÛTER LA SPÉCIALITÉ CULINAIRE LOCALE : LE HAGGIS

- [ ] PRENDRE L'AFTERNOON TEA AU SIGNET LIBRARY

- [x] MANGER DES FISH & CHIPS DANS UN PUB
- [x] ÉCOUTER UN ÉCOSSAIS EN =KILT= JOUER DE LA CORNEMUSE
- [x] VISITER LE CHÂTEAU ET LA VILLE SOUTERRAINE À LA RECHERCHE DE FANTÔMES

- [x] GRIBOUILLER UNE PAGE DE CE JOURNAL À L'ELEPHANT HOUSE, LE CAFÉ OÙ J.K. ROWLING A DONNÉ NAISSANCE À HARRY POTTER

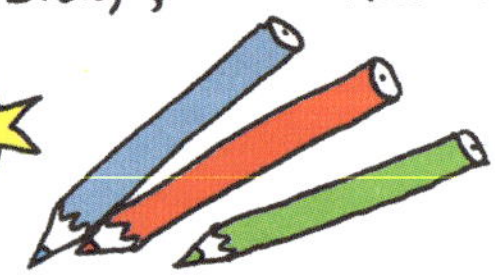

- [ ] BOIRE UNE BIÈRE LOCALE AVEC UN ÉCOSSAIS EN KILT !

dumi

4 JOURS/3 NUITS À ÉDIMBOURG

LES DÉRAPAGES DE BOUCLAGES

MA VIE AU TRAVAIL EST PONCTUÉE DE PÉRIODES CALMES ET DE PÉRIODES DE BOUCLAGES. LES "BOUCLAGES" SONT LES QUELQUES JOURS INTENSES QUI PRÉCÈDENT LE DÉPART DES MAGAZINES EN IMPRESSION.

Alors pour motiver les troupes, l'agence se transforme en bureau de Sheitan...

#BouclageTristeSansDerapage
ALLEZ... Je vais tenter de me contrôler durant ce bouclage...
WOUAF!
L'HEURE DU VENTRE QUI GARGOUILLE
GRAW!
THÉ VERT TOUT SAIN
LES DÉLICES DU CONGO
WACOM
TOUTOU FOUFOU DU BUREAU
HEY! LES FILLES! C'EST VENDREDI! C'EST PIZZA DAY AUJOURD'HUI!
ALICIA, COLLÈGUE DIABOLIQUE ET PORTUGAISE
J'AI MIEUX! JE VOUS AI RAMENÉ DES DÉLICIEUX BEIGNETS PORTUGAIS PAS GRAS! PARFAIT POUR TON RÉGIME LUMI!
LOLA, STAGIAIRE EN JOURNALISME, JEUNE, MAGNIFIQUE, MINCE, ÉNERVANTE, POUVANT ENGLOUTIR TOUT CE QU'ELLE VEUT SANS PRENDRE UN GRAMME.
MAIS ELLE NE VA PAS TARDER À LE PAYER... C'EST SA JEUNESSE QUI L'A PRÉSERVÉE JUSQUE-LÀ... ON VERRA QUAND ELLE AURA MON VIEIL ÂGE...
PENSÉE DE LA VIEILLE BIQUE AIGRIE, JALOUSE QUE JE SUIS.
MIAM!
ALICIA!!! LA BOUFFE PORTUGAISE PAS GRASSE, C'EST COMME LES LICORNES!!! ÇA N'EXISTE PAS!!!
Lumi

MES DÎNERS DE LA SEMAINE

LUNDI

QUICHE LÉGÈRE AUX CAROTTES, CURRY & CHÈVRE
www.mangoandsalt.com

COMPOTE DE POMMES EXPRESS
www.fourchette-et-bikini.fr

MARDI

VELOUTÉ DE POTIMARRON AUX GIROLLES
www.enviedebienmanger.fr

POIRE BELLE-HÉLÈNE
www.vegemiam.fr

MERCREDI

= CONAN LE BARBARE =
BROCHETTES DE BOEUF
YOUTUBE - GASTRONOGEEK
[S01E07]

+ SALADE VERTE

SMOOTHIE BRÛLE-GRAISSE
ANANAS MANGUE & CITRON VERT
fourchette-et-bikini.fr

JEUDI

SOUPE À L'ANCIENNE COMME CHEZ MAMIE
www.foodforlove.fr

MINI GRATIN EXPRESS DE POIRE À LA VANILLE SANS GRAS !
www.fourchette-et-bikini.fr

VENDREDI

SAINT-JACQUES & RIZ AU LAIT DE COCO, CURRY ET CITRONNELLE
www.papillesetpupilles.fr

COMPOTE DE POIRES GINGEMBRE & CARDAMOME
www.leparfait.fr

SAMEDI

POULET MIJOTÉ AU MIEL PAIN D'ÉPICE & ABRICOTS SECS
www.chefnini.com

GREEN SMOOTHIE
POMME, POIRE, BANANE CONCOMBRE, ÉPINARDS
www.lafaimestproche.com

DIMANCHE

KEVYT HERNEKEITO
(soupe aux pois légère)
www.finncuisine.blogspot.fr

JUS DE CAROTTES FRAMBOISES & GINGEMBRE
www.chefnini.com

MINI CHEESECAKE CITRON VERT
www.bonjourdarling.com

duni

YO! LUMI, TÉLÉCHARGE L'APPLICATION YUKA SUR TON TÉLÉPHONE! ELLE PERMET DE DÉCHIFFRER LES ÉTIQUETTES DES PRODUITS ALIMENTAIRES QUE TU ACHÈTES EN LES CLASSANT EN 4 CATÉGORIES : EXCELLENT, BON, MÉDIOCRE ET MAUVAIS !
TNF
=ROBIN MASTAZ=
mon pote wesh-wesh-yo
HAAAAAN... C'EST GÉNIAL CETTE APPLICATION ! ELLE MET EN ÉVIDENCE TOUS LES ADDITIFS NOCIFS, LES QUANTITÉS DE SEL, DE SUCRE ET DE LIPIDES PRÉSENTS DANS LES ALIMENTS EN SCANNANT LE CODE-BARRES... INCROYABLE...
PAR EXEMPLE, SCANNONS TES BISCUITS BIO TOUT NATURELS. EN REGARDANT LE PACKAGING, ON POURRAIT CROIRE QU'ILS SONT EXCELLENTS...
BIO BEURK
DIABLERIE !!! Ils SONT MÉDIOCRES ?!! C'EST QUOI TOUS CES ADDITIFS NOCIFS ??! ILS SONT BIO POURTANT !!!
ADDITIFS ⑤
SUCRE : AU MAX !
SEL : UN PEU
GRAISSES SATURÉES AU MAX !
CALORIES : AU MAX !
!!!
BIO NE VEUT PAS DIRE QU'ILS N'ONT PAS LE DROIT D'AJOUTER DES COCHONNERIES QUI DONNENT DU GOÛT DEDANS, TU SAIS ?
C'EST SCANDALEUX !
JE VAIS SCANNER TOUS MES PLACARDS ET MES ACHATS POUR RÉDUIRE AU MAX MES ALIMENTS MÉDIOCRES ET MAUVAIS !!!
SYNDROME DE LA MEUF QUI DÉCOUVRE YUKA
Lumi

BILAN DU MOIS DE FÉVRIER
SEMAINE 21
68,4 KiLOS
IL DOIT Y AVOIR UNE EXPLICATION SCIENTIFIQUE AU FAIT QUE J'AI ENVIE DE MANGER PLEIN DE CHOSES GRASSOUILLETTES QUAND IL FAIT FROID !
NOTE À MOI-MÊME : ALLER HABITER À TAHITI
SEMAINE 22
69,0 KiLOS
RÉSURRECTION DE KiLOS!!!
JE ME DÉGOÛTE !
AUJOURD'HUI, MA VIE C'EST D'LA MARDE
LISA LEBLANC
SnifOuinBouHouHou
SEMAINE 23
68,6 KiLOS
FM
15 MINUTES DE FRISSONS DUS AU FROID PEUVENT ÊTRE L'ÉQUIVALENT D'UNE HEURE DE SPORT !
VOiLÀ ! Je vais aller me prélasser dehors 15 minutes en Bikini !
LaBonneIdee
SEMAINE 24
68,2 KiLOS
NOM D'UN MOUCHOIR USAGÉ !!!
LA GRIPPE EST PARTOUT !!!
⇒ MANGER ⊕ D'ALIMENTS ANTIVIRAUX QUI PROTÉGERONT MON SYSTÈME IMMUNITAIRE
#OperationPasDeGrippePourLumi
Lumi

Mars
MARRE DU FROID, DE LA PLUIE, DES FRUITS ET LÉGUMES D'HIVER... J'VEUX DU SOLEIL ! DES COURGETTES ! DES TOMATES ! DES AUBERGINES !!! JE VEUX LE SUD DANS MON ASSIETTE !
OUI, DU SOLEIL... DES CÔTES DE BOEUF ! DES MERGUEZ ! DES GLACES À L'ITALIENNE !
FRUITS & LÉGUMES
CAROTTES
CHOU ROUGE
ENDIVES
POIREAUX
SALSIFIS
CHOU-RAVE
ANANAS
MANGUES
PAPAYES
POMMES
KIWIS
J'VEUX DU SOLEIL
= AU P'TIT BONHEUR =
Lumi

TU SAIS MARIE, J'AI LU UNE ÉTUDE TRÈS INTÉRESSANTE SUR LE FAIT DE FORCER LES ENFANTS À TERMINER LEUR ASSIETTE...
BLA-BLA DE LA PAGE 56...
J'AI DONC DÉCIDÉ D'ÉCOUTER MON CORPS ET D'ARRÊTER DE MANGER QUAND J'ÉPROUVERAI LE SENTIMENT DE SATIÉTÉ...
LA MEUF QUI SORT SA SCIENCE
!!
DONC, EN FAIT, TU MANGES TOUT CE QUI EST GRAS ET CALORIQUE : LES PÂTES PLEINES DE BEURRE ET DE FROMAGE, LE STEAK HACHÉ... MAIS TU NE TOUCHES PAS AUX COURGETTES, AUBERGINES ET TOMATES ?!!
!
LUMI! MANGE TES LÉGUMES!!!
COMMENCE PAR LES LÉGUMES AVANT D'ATTAQUER LES ALIMENTS CALORIQUES!
HÉRÉTIIIIIIIQUE!!!
Lumi

IL Y A DES PETITS MATINS DE DÉPRIME OÙ LES VIEILLES HABITUDES DIABOLIQUES ME MANQUENT...
J'EN AI MARRE DU PORRIDGE ! JE VEUX DES CHOCOPOFS ! #PauvreMoi #Calimero
OUiiiN !
Les Mots Bleus =CHRISTOPHE=
FM
Chanson pour se suicider en s'étranglant avec ses cheveux ou en avalant sa petite cuillère... Le mec qui passe encore ce vieux tube à la radio mériterait d'être emprisonné dans un goulag en Sibérie.
Non mais c'est quoi cette chanson déprimante à se trouer les tympans avec un tournevis rouillé ?!!! Allez vite ! Ma playlist de la joie pour me faire oublier les Chocopofs et me mettre de bonne humeur pour toute la journée !
WAKE ME UP BEFORE YOU GO-GO WHAM !
YEAH !
LES VIEUX TUBES DU PLACARD DÉCLARÉS MEILLEURS ANTIDÉPRESSEURS AU MONDE !
Lumi

LA REVANCHE
Je l'ai encore mauvaise que Carmen m'ait volé ma coupe virtuelle de la gloire éternelle… Allez ! Je vais relancer un défi et ils vont tous mordre la poussière ! NIIIIIAAARK !
NIARK ! J'ai l'arme ultime ! Ma nouvelle playlist "Bouge ton Boule" pour pulvériser mon record de pas en une journée ! En l'écoutant, impossible de rester en place !
NIIIIARK !!! Je suis plus diabolique que Gargamel ! J'y ai ajouté la chanson avec laquelle Carmen a gagné son défi la dernière fois !
EL TOM TOM – HENRY JIMENEZ Y LOS HOMEBOYS
APRÈS UNE JOURNÉE INTENSE DE BOULOT/TORTILLAGE DE FESSES ET DE COMBAT FÉROCE AVEC CARMEN JUSQU'À LA DERNIÈRE MINUTE, LE VERDICT TOMBE À MINUIT :
59 955 PAS !!!
SOIT 41,93 KILOMÈTRES !
Hiiiii ! VIIICTOIIIRE ! Je les ai tous écrabouillés !!! À moi, la coupe virtuelle de la gloire éternelle !
"La victoire revient à celui qui tient le dernier quart d'heure."
Carl Von Clausewitz
DUMI

PLAYLIST

BOUGE TON BOULE

1. EL TOM TOM - Henry Jimenez Y Los Homeboys
2. JUMP AROUND - House Of Pain
3. FIREWORK - Katy Perry
4. WAKA WAKA - Shakira
5. MAMBO No. 5 - Lou Bega
6. SINGLE LADIES - Beyoncé
7. UPTOWN FUNK - Mark Ronson, Bruno Mars
8. HAPPY - Pharrell Williams
9. SOS - Rihanna
10. STARLIGHT - The Supermen Lovers
11. GET LUCKY - Daft Punk
12. JUMP - Kriss Kross
13. CALL ME MAYBE - Carly Rae Jepsen
14. MANIAC - Michael Sembello
15. DON'T STOP 'TIL YOU GET ENOUGH - Michael Jackson

LES ALIMENTS RAFFINÉS

Pourquoi les industriels en veulent-ils autant à notre santé ?! Non seulement ils cachent du sucre partout et ajoutent des exhausteurs de goût chimiques, mais voilà que j'apprends qu'ils retirent tous les bons nutriments des aliments en les raffinant !

PRENONS LE RIZ PAR EXEMPLE :

Le grain de riz possède un manteau contenant minéraux, protéines et vitamines… De bonnes choses pour notre organisme.

Pour permettre une conservation plus longue du riz, les industriels enlèvent cette enveloppe supernutritive laissant un pauvre grain nu qui n'apporte rien d'autre à l'organisme que des calories vidées de tout nutriment et qui vont solliciter davantage le pancréas pour les assimiler…

NiiiiARK! Je vais vous mettre à nu, toi et tes p'tits amis grains de riz! Et je ne vais pas m'arrêter là! Je vais blanchir, épurer et allonger la conservation de plein d'autres aliments grâce au raffinage! Ils perdront de la saveur mais je vais y remédier en ajoutant des exhausteurs de goût, créés chimiquement, aux noms imprononçables! Mes précieux E6xx... NiARK!
Sucre, huiles, farine, sel, céréales... beaucoup de denrées alimentaires subissent le raffinage et perdent ainsi toutes leurs valeurs nutritives.
PRÉSERVE TA SANTÉ ET PRIVILÉGIE LES ALIMENTS NON RAFFINÉS PLUS NATURELS! #ViveLesManteaux
OPTE PLUTÔT POUR:
MIEL
SIROP D'AGAVE
Du sirop d'érable, du miel ou du sirop d'agave à la place du sucre raffiné!
Du sel non raffiné, généralement grisâtre, preuve de la présence de minéraux bons pour la santé
Des huiles vierges "PREMIÈRE PRESSION À FROID" et Bio
De la farine complète et bio
Du pain complet plutôt que blanc
Des céréales complètes: blé, maïs, orge, avoine...
ET, BIEN ÉVIDEMMENT, DU RIZ COMPLET!
ENFIN, SI TON PLAT TE SEMBLE UN PEU FADE, RELÈVE-LE AVEC DU SEL OU DES ÉPICES. IL N'Y A RIEN DE TEL QUE LE NATUREL!
Lumi

NOM D'UNE PAPAYE HAWAÏENNE !
L'Anses (Agence nationale de sécurité sanitaire de l'alimentation, de l'environnement et du travail) recommande de ne pas boire plus d'un verre de boisson sucrée par jour... Et cela vaut aussi bien pour les jus de fruits industriels qui sont passés de la catégorie des "fruits et légumes" à celle des "boissons sucrées" que pour les sodas !
Autrement dit, si je bois un jus d'orange le matin, une canette de soda sera de trop le midi !
SANTÉ NANA MAGAZINE
ET MA DOSE QUOTIDIENNE DE SUCRE ALORS ?
LES JUS INDUSTRIELS BOURRÉS DE SUCRE RAFFINÉ, C'EST TERMINÉ !
Désormais, je presserai moi-même mes oranges et je vais tenter de me limiter à cet unique verre quotidien car il ne contient peut-être pas de sucre raffiné, mais il y a tout de même une bonne dose de fructose !
Ce jus est peut-être naturel mais il reste néanmoins une boisson sucrée !
dumi

ENTRE MIDI ET DEUX, J'AI DÉJEUNÉ AVEC HÉLÈNE.
HÉLÈNE, MON ÉDITRICE
SUPER NOUVELLE LUMI ! ON VA PUBLIER TON JOURNAL PRESQUE INTIME !
TROP COOL ! HIHI !
!!!
MORCEAU DE SUCRE RAFFINÉ
MAIS !!! QU'EST-CE QUE TU FAIS ?!! TU VIENS DE ME DIRE QUE LE SUCRE RAFFINÉ ÉTAIT MAUVAIS ET QUE TU N'EN CONSOMMAIS PLUS ?!
VOIIIILÀ... METS LE SUCRE DANS TON CAFÉ COMME AVANT !
IL Y A DE VIEUX RÉFLEXES INCONTRÔLABLES ET INCOMPRÉHENSIBLES DONT JE DOIS ENCORE ME DÉBARRASSER...
« LE CÔTÉ OBSCUR DE LA FORCE, REDOUTER TU DOIS »
= MAÎTRE YODA =
LUMI

BILAN DU MOIS DE MARS
SEMAINE 25
68,0 KILOS
J'AI PERDU + DE 7 KILOS DEPUIS L'ÉTÉ DERNIER !
#PasPeuFiere #DoucementMaisSurement
SEMAINE 26
68,2 KILOS
IL Y A ACTUELLEMENT PLUS DE PERSONNES MOURANT À CAUSE DE LA MALBOUFFE DANS LE MONDE QU'À CAUSE DE LA CIGARETTE !
#ChoqueeJeSuis
SEMAINE 27
68,0 KILOS
VICTOIRE !!!
MON RECORD HISTORIQUE DE PAS HEBDOMADAIRES !
59955 PAS !
#KilleuseDeCelluliteAdipeuseAffreuse
SEMAINE 28
67,9 KILOS
C'EST LE PRINTEMPS ! JE SUIS PASSÉE SOUS LA BARRE DES 68 KILOS ! LA VIE EST BELLE !

cuicuicui!
Avril
J'adooooore le printemps! Les p'tits oiseaux chantent! Et il y a plein de p'tites fleurs qui sentent bon qui poussent partout!!! GNiiiii!!!
IL Y A DES P'TITES FLEURS MAIS AUSSI DES P'TITS FRUITS ET LÉGUMES POUR FAIRE DE BONS P'TITS PLATS!
C'EST PÂQUES!!! ELLE A BIEN LE DROIT À UN PETIT ŒUF EN CHOCOLAT!
FRUITS & LÉGUMES
ASPERGES BLANCHES
RADIS
CAROTTES
BETTES
CHOU BLANC
CHOU-RAVE
ÉPINARDS
OIGNONS
AVOCATS
BANANES
CITRONS
FRUITS DE LA PASSION
MANGUES
KIWIS
APRIL SHOWER
PROLETER
dumi

DÉJEUNER DE PÂQUES
HAAAAA... LES REPAS DE FAMILLE À LA FRANÇAISE! PAS D'AUTRE CHOIX QUE D'OUBLIER LES BONNES RÉSOLUTIONS AUJOURD'HUI!
Apéro:
OLIVES
PETITS-FOURS
CHAMPAGNE
Entrée:
• DUO DE COQUES D'ŒUFS FARCIS
• P'TIT VERRE DE BLANC
Plat de poisson:
• BLANQUETTE DE POISSON
• P'TIT VERRE DE BLANC
Plat de viande:
• AGNEAU PASCAL SUR LIT DE PETITS LÉGUMES
• P'TIT VERRE DE ROUGE
Trou normand:
Plateau de fromages & salade:
• P'TIT VERRE DE ROUGE
Dessert:
• NID BISCUITÉ AU CHOCOLAT ET MANGUE
• CHAMPAGNE!
Café & chocolats de Pâques:
Sortie de table: 18:00
ET ON MANGE QUOI CE SOIR?!
Lumi

MORTAL KOMBAT
AAARGH!
LAISSE-LA MANGER CETTE MERVEILLE DE LA CRÉATION!!!
HÉRÉTIQUE!!!
NOOOON! JE LUI INTERDIS D'ACHETER CETTE CHOSE IMMONDE ET RECONSTITUÉE!
GOURGANDINE!
GRRR
ARGH!
ET LÂCHE MA QUEUE!!!
DU SUUUUCRE!
KUNG FU FIGHTING
= CARL DOUGLAS =
BON, ALORS... VOUS DÉCIDEZ QUOI? JE LE PRENDS CE CORDON-BLEU OU PAS?
#CombatInterieur
CORDON-BLEU MIAM MIAM

MES DÎNERS DE LA SEMAINE

LUNDI

ASSIETTE COMPLÈTE SATAY ET VEGGIE
www.foodforlove.fr

COMPOTE POIRE/ABRICOT
www.leparfait.fr

MARDI

GAMBAS AU CURRY ET AUX AUBERGINES
www.cuisineaz.com

SMOOTHIE ANTICELLULITE AU THÉ VERT, KIWIS & CITRON
www.fourchette-et-bikini.fr

MERCREDI

TARTE AUX LÉGUMES CAROTTES & COURGETTES
www.confessionsdunegourmande.com

SMOOTHIE GIRLY 0% AUX YAOURT & FRUITS ROUGES
www.fourchette-et-bikini.fr

JEUDI

ORZOTTO DE PRINTEMPS
www.mangoandsalt.com

CRÈME AU CITRON
www.recettes.net

VENDREDI

HARUMAKI JAPONAIS
www.cleacuisine.fr

MUSTIKKAPIIRAKKA (TARTE AUX MYRTILLES)
www.finncuisine.blogspot.fr

SAMEDI

CURRY DE LOTTE AU LAIT DE COCO
www.enviedebienmanger.fr

PANNA COTTA ALLÉGÉE AU CITRON ULTRARAPIDE
www.fourchette-et-bikini.fr

DIMANCHE

STAR WARS BANTHA À L'ÉTOUFFÉE
YOUTUBE - GASTRONOGEEK [S01E02]
PARFAIT POUR MON DÎNER DE FAMILLE !

CRÈME DE RHUBARBE À LA VERVEINE, GELÉE D'HIBISCUS À LA ROSE & FRAISES CITRONNÉES
www.vegemiam.fr

dumi

= RECETTE =

SOUPE PHÔ THAÏ QUI DÉFOURAILLE

= INGRÉDIENTS POUR 4 PERSONNES =

- ☑ 500 G DE VERMICELLES DE HARICOTS MUNGO
- ☑ 400 G DE CREVETTES CUITES
- ☑ 1 CAROTTE
- ☑ 1 POIREAU
- ☑ 1 OIGNON ROUGE
- ☑ 1 CITRON VERT
- ☑ 1 MORCEAU DE 3 CM DE GINGEMBRE
- ☑ 1 BOUQUET DE CORIANDRE
- ☑ 1 BOUQUET DE CIBOULETTE
- ☑ 2 PINCÉES DE PIMENT D'ESPELETTE
- ☑ 4 CS DE SAUCE NUOC-MÂM
- ☑ 1 CUBE DE BOUILLON DE LÉGUMES

MANGER ~~MOINS~~ MIEUX !

1 - Ciselez les herbes. Coupez la carotte, le poireau, l'oignon et le morceau de gingembre en petits dés. Coupez le citron vert bio en 4. Décortiquez les crevettes.

2 - Dans une grande casserole, diluez le cube de bouillon dans 2,5 litres d'eau. Ajoutez la sauce Nuoc-Mâm, le piment, et portez à ébullition.

3 - Ajoutez tous les ingrédients (sauf les vermicelles qui cuisent rapidement) et laissez mijoter 10 min à feu moyen.

4 - Ajoutez enfin les vermicelles à la préparation et laissez cuire encore 2 min.

5 - Servez dans de jolis bols, prenez une belle photo, postez-la sur Instagram et enfin... dégustez ! En poussant de petits cris de satisfaction du style : « Mmmmmmmmh ! » ou « SLUUUUUUURP ! ».

Lumi

TOUS LES MATINS, EN SORTANT DE LA BOUCHE DU MÉTRO, UN DOUX PARFUM ME CHATOUILLE LES NASEAUX...
M
BOULANGERIE
ODEUR DE FOLIE DES PAINS AU CHOCOLAT* TOUT CHAUDS...
MIAM! MIAM! VOILÀ QUI ACCOMPAGNERA À MERVEILLE MON CAFÉ N° 2...
* TERME UTILISÉ PAR LE RESTE DU MONDE POUR DÉSIGNER LES CHOCOLATINES!
NOOOON!!! JE NE CRAQUERAI PAS!!!
BREF...
Je ferais mieux de sortir de la station plus tôt pour éviter cette torture.
LA TORTURA
SHAKIRA
JE SUIS PAS VENUE ICI POUR SOUFFRIR OKEEEEEEEEY??
Lumi

L'AVOCAT DU DIABLE

NIIIARK ! ET SI ON SE MANGEAIT UN BON GROS AVOCAT ?! ON POURRAIT FAIRE UN GUACAMOLE AVEC DES TORTILLAS GRASSOUILLETTES !

POURQUOI PAS ! MAIS SUR DU PAIN DE SEIGLE, PLUS NUTRITIF QUE TES CHIPS ! SAVAIS-TU QUE L'AVOCAT POSSÈDE DE NOMBREUSES VERTUS ?

IL EST CALORIQUE, MAIS RICHE EN OMÉGA 9 QUI AIDENT À RÉDUIRE LE MAUVAIS CHOLESTÉROL, ET CONTIENT DES TRÉSORS :

- ☑ DU GRAS MONO-INSATURÉ QUI PROCURE UN SENTIMENT DE SATIÉTÉ. PARFAIT POUR COMBATTRE LES FRINGALES !
- ☑ BEAUCOUP DE FIBRES ET DE LA VITAMINE B6, C, E (ANTIOXYDANT NATUREL PUISSANT POUR DIRE ADIEU AUX RIDES !) ET DU GLUTATHION (AUTRE SUPER ANTIOXYDANT !)

- ☑ DE PETITES QUANTITÉS DE MAGNÉSIUM, VITAMINE A, FER, ZINC ET PHOSPHORE (C'EST BON À PRENDRE AUSSI !)
- ☑ RICHE EN LUTÉINE, IL LUTTE CONTRE LA DÉGÉNÉRESCENCE DE LA VUE LIÉE À L'ÂGE (DMLA).

HEY ! JE NE SUIS PAS VIEILLE !!!

RECETTE QUI EN JETTE

TARTINES DE GUACAMOLE POUR DE BELLES GUIBOLES

INGRÉDIENTS POUR 2 PERSONNES

- ☑ 1 AVOCAT BIEN MÛR
- ☑ 2 TRANCHES DE PAIN DE SEIGLE
- ☑ 1 CITRON
- ☑ 1 BRANCHE DE CORIANDRE FRAÎCHE
- ☑ 6 TOMATES CERISES
- ☑ SEL - POIVRE

1. Écrasez l'avocat.
2. Ajoutez le jus de citron et la branche de coriandre ciselée, le sel, le poivre et mélangez bien.
3. Étalez la préparation sur les tranches de pain.
4. Découpez les tomates cerises en quartiers et déposez-les sur les tartines.
5. ENGLOUTISSEZ LES YEUX FERMÉS !

dumi

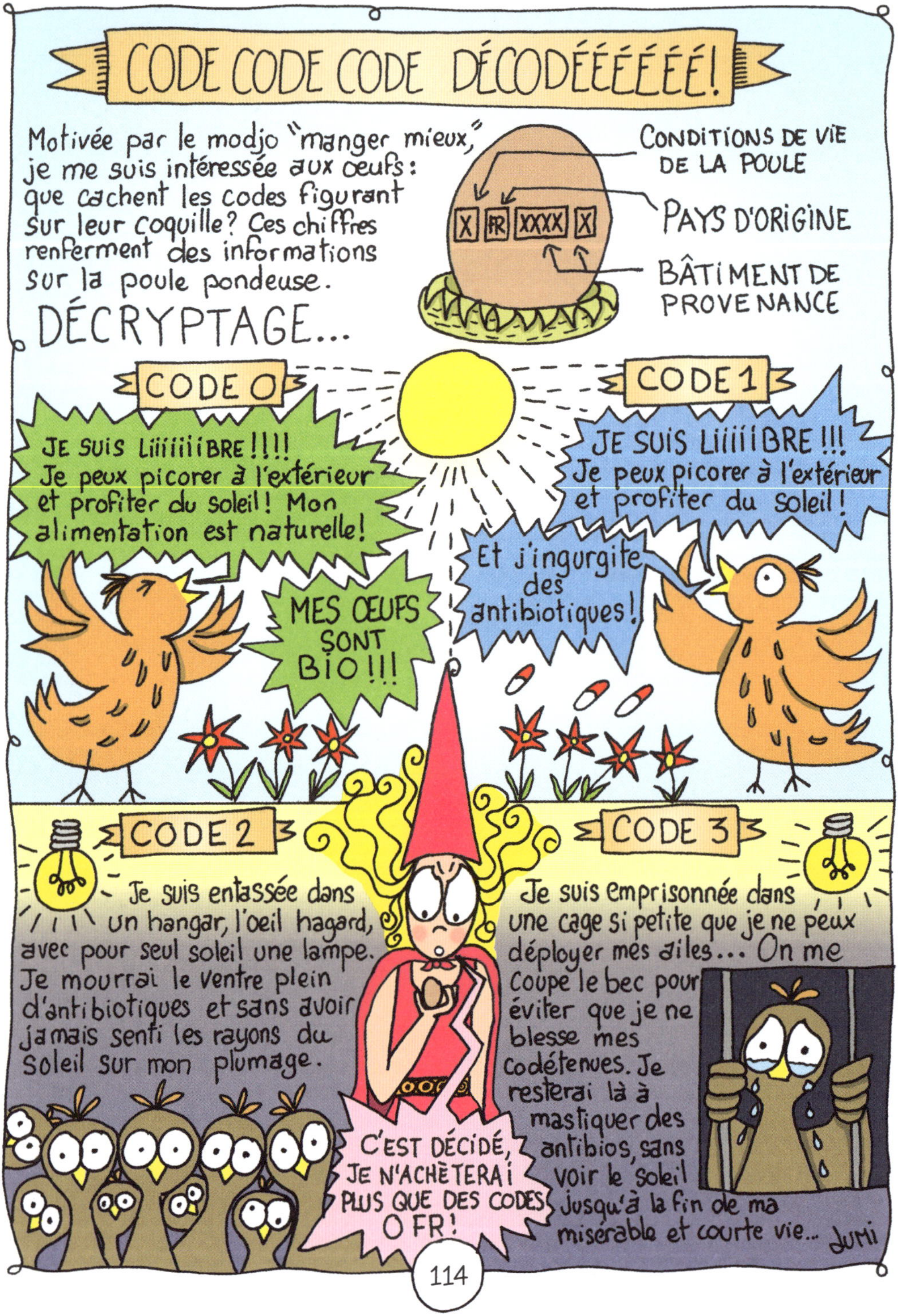
CODE CODE CODE DÉCODÉÉÉÉÉÉ!
Motivée par le modjo "manger mieux," je me suis intéressée aux oeufs: que cachent les codes figurant sur leur coquille? Ces chiffres renferment des informations sur la poule pondeuse.
DÉCRYPTAGE...
CONDITIONS DE VIE DE LA POULE
PAYS D'ORIGINE
BÂTIMENT DE PROVENANCE
X FR XXXX X
CODE 0
JE SUIS LIIIIIIIBRE!!!!! Je peux picorer à l'extérieur et profiter du soleil! Mon alimentation est naturelle!
MES OEUFS SONT BIO!!!
CODE 1
JE SUIS LIIIIIBRE!!! Je peux picorer à l'extérieur et profiter du soleil!
Et j'ingurgite des antibiotiques!
CODE 2
Je suis entassée dans un hangar, l'oeil hagard, avec pour seul soleil une lampe. Je mourrai le ventre plein d'antibiotiques et sans avoir jamais senti les rayons du soleil sur mon plumage.
CODE 3
Je suis emprisonnée dans une cage si petite que je ne peux déployer mes ailes... On me coupe le bec pour éviter que je ne blesse mes codétenues. Je resterai là à mastiquer des antibios, sans voir le soleil jusqu'à la fin de ma misérable et courte vie...
C'EST DÉCIDÉ, JE N'ACHÈTERAI PLUS QUE DES CODES 0 FR!
JUMI

NOM D'UNE COURGETTE TRANSGÉNIQUE !
CELA FAISAIT 3 ANS QUE JE SOUFFRAIS D'INEXPLICABLES INFLAMMATIONS CHRONIQUES DU DOS ET DU COU. MES MÉDICAMENTS ÉTAIENT DEVENUS MES ALLIÉS DU QUOTIDIEN POUR SURMONTER LA DOULEUR. DEPUIS QUE J'AI UNE ALIMENTATION PLUS SAINE ET PLUS ALCALINE, MES INFLAMMATIONS ONT DISPARU !
ET DIRE QU'AUCUN DES NOMBREUX MÉDECINS CONSULTÉS NE S'EST JAMAIS INTERROGÉ SUR CE QUI SE TROUVAIT DANS MON ASSIETTE... CERTAINS ÉTAIENT MÊME PRÊTS À DÉGAINER LE BISTOURI ALORS QU'IL SUFFISAIT JUSTE DE SURVEILLER MON ALIMENTATION...
JE SUIS MAINTENANT PLUS QUE JAMAIS CONVAINCUE QUE LA SANTÉ SE TROUVE DANS CE QUE NOUS ABSORBONS AU QUOTIDIEN !
CRAZY
GNARLS BARKLEY
Lumi

BILAN DU MOIS D'AVRIL
SEMAINE 29
68,2 KILOS
JE NE SUIS QU'UN INFÂME GORET INCAPABLE DE SE CONTRÔLER…
#CalimeroAvecSaCoquilleDoeuf
SE PLAINDRE NE BRÛLE PAS DE CALORIES !
MOTIVÉS / LE CHANT DES PARTISANS - ZEBDA
SEMAINE 30
67,8 KILOS
JE VAIS LES PERDRE CES DERNIERS KILOS CAR JE SUIS UNE KILLEUSE DE KILOS !!!
#MotivationAuTop
SEMAINE 31
67,5 KILOS
SALADE SALADE SALADE !
JE SUIS UN VÉRITABLE ANGE PADAWAN !
#SainteLumi
SEMAINE 32
67,2 KILOS
GNIIIHIIHIIHII ! - 8,1 KILOS !
" NE CRAINS PAS L'ÉCHEC. CE N'EST PAS L'ÉCHEC, MAIS LE MANQUE D'AMBITION QUI EST UN CRIME. AVEC DES OBJECTIFS ÉLEVÉS, L'ÉCHEC PEUT ÊTRE GLORIEUX ! "
= BRUCE LEE =
UN SAGE HOMME CE BRUCE LEE !
Lumi

Mai
GNiiii! LA SAISON DES BARBECUES EST OFFICIELLEMENT OUVERTE!!!
HO OUI!!! ON VA POUVOIR FAIRE GRILLER DES AUBERGINES! MIAM!
DES AUBERGINES?! PLUTÔT DU CAMEMBERT ET UNE CÔTE DE BOEUF, OUI! SLURP!!!
FRUITS & LÉGUMES
AUBERGINES
ASPERGES VERTES
BETTERAVES
AIL
CONCOMBRES
ÉPINARDS
RADIS
AVOCATS
RHUBARBE
FRAISES
FRAISES DES BOIS
KIWIS
CITRONS
BANANES
PRINTEMPS
CŒUR DE PIRATE
Lumi

MES DÎNERS DE LA SEMAINE

LUNDI

PARMENTIER DE COURGETTES AU QUINOA ET AU BOEUF
www.foodforlove.fr

SOUPE DE FRAISES AU BASILIC
www.fraise-basilic.com

MARDI

TARTINE AVOCAT & TOMATE À LA MEXICAINE
www.lesrecettesdejuliette.fr

SALADE DE FRUITS RAPIDE EN COUPE D'ORANGE
www.fourchette-et-bikini.fr

MERCREDI

RISOTTO AUX GAMBAS, COURGETTES & PANCETTA CROUSTILLANTE
www.atelierdeschefs.fr

SALADE D'ORANGES CUITES À LA MAROCAINE
www.leparfait.fr

JEUDI

SOUPE FROIDE COURGETTES PANCETTA & MOZZARELLA DI BUFALA
www.enviedebienmanger.fr

SORBET LIGHT DE FRUITS ROUGES EXPRESS
www.fourchette-et-bikini.fr

VENDREDI

SALADE CAESAR
www.foodforlove.fr

LA PIZZA PASTÈQUE (SUPER RIGOLO !)
www.papillesetpupilles.fr

SAMEDI

PÂTES AUX ASPERGES COMME EN ITALIE
www.undejeunerdesoleil.com

COMPOTE FRAISE/RHUBARBE
www.cuisineactuelle.fr

DIMANCHE

LOHIKEITTO (SOUPE DE SAUMON)
www.finncuisine.blogspot.fr

INFUSION À LA QUEUE DE CERISE
www.vegemiam.fr

COMPOTÉE DE FRUITS ROUGES & PERLES DU JAPON CITRON-VERVEINE

dumi

LE BIZZZ BIZZZ DU FAUX MIEL
Je n'utilise plus de sucre ! Je l'ai remplacé par du miel !
MIEL
Tu ferais mieux de l'acheter chez un apiculteur. Il sera bien meilleur que ton miel industriel emballé dans un joli packaging !
BIO MAN
HA ?… IL EST POURRI MON MIEL ?
La Chine est le principal exportateur mondial de miel et propose de très bas prix. Les miels bas de gamme sont coupés avec du sirop de sucre ou de l'eau : fraude répandue, difficilement détectable et surtout très rentable ! Certains industriels chinois vont même jusqu'à fabriquer du miel de synthèse ! En supermarché, 1 pot sur 3 contient du miel chinois mais leur provenance exacte n'est jamais indiquée !
MIEL
BIO MAN
MIEL DE CHÂTAIGNIER
ORIGINE : CÉVENNES
ORIGINE FLORALE CLAIRE
ORIGINE GÉOGRAPHIQUE CLAIRE
Si tu tiens à prendre ton miel en supermarché, privilégie les pots affichant clairement les origines florale et géographique.
Évite ceux portant la mention : "Mélange de miels originaires de l'UE et hors UE".
MIEL DE FLEURS
Mélange de miels originaires de l'UE et hors UE
ORIGINE FLORALE FLOUE
ORIGINE GÉOGRAPHIQUE FLOUE
Mais si tu peux, va chez un apiculteur local. Il garde le meilleur de sa récolte pour la vente directe aux particuliers et revend le "mauvais" aux industriels !
LuMi

OBJECTIF
STABILISATION
67,5 KILOS
Je crois être arrivée à un poids qui me correspond. Certes, je pourrais encore perdre 2,5 kilos pour en atteindre 65 et me réjouir d'avoir perdu 10 kilos tout rond !
Mais après tout… -8 kilos est un chiffre tout à fait respectable. Mon IMC est dans la norme, je me sens bien et, surtout, j'ai retrouvé la santé ! C'est ce qui compte finalement.
C'EST DÉCIDÉ :
J'ENTRE EN PHASE DE STABILISATION.
Pour cela, je ne vais pas changer grand-chose à mes nouvelles habitudes alimentaires. Je vais alterner repas lights et petits plaisirs, tout en pratiquant quotidiennement des exercices physiques.
C'EST UNE NOUVELLE HYGIÈNE DE VIE QUE J'AI ADOPTÉE ET JE COMPTE LA GARDER !
Lumi

APÉRO AVEC LES POTOS

FAIRE ATTENTION À SA LIGNE NE VEUT PAS DIRE ABANDONNER LES APÉROS ENTRE AMIS ! IL SUFFIT DE SOIGNER L'ASPECT VISUEL D'ALIMENTS PEU CALORIQUES POUR STIMULER SES PAPILLES !

VIRGIN MOJITO

- ☑ 10 FEUILLES DE MENTHE
- ☑ ½ CITRON VERT COUPÉ EN 4
- ☑ 2 CC DE SIROP D'AGAVE
- ☑ 5 GLAÇONS
- ☑ 1 JOLIE PAILLE DE BLOGUEUSE
- ☑ EAU GAZEUSE

LIKE A VIRGIN
MADONNA

FINGER FOOD

VERRINE DE GASPACHO

BROCHETTE TOMATES CERISES FÉTA BASILIC

BOUCHÉE GUACAMOLE CREVETTE

VERRINE DE LÉGUMES + DIP SAUCE AU FROMAGE BLANC 0%

ROULÉ DE COURGETTE CRUE AU SAUMON & FROMAGE PHILADELPHIA

VERRINE DE TARTARE SAUMON & CITRON VERT

MINI BOUCHÉES DE GUACAMOLE BON POUR LES GUIBOLES (VOIR p. 113)

BROCHETTE DE FRUITS

ALABAMA SONG (WHISKEY BAR)
THE DOORS

Graines de chia

Considérées comme des superaliments, elles préviennent de certains cancers affreux, du diabète de type 2 et protègent le coeur. Elles sont une bonne source de fibres, de minéraux, de vitamines, de calcium et surtout d'antioxydants-mes-amours !

Graines de courge

Riches en fer et en magnésium, elles agissent contre la fatigue et l'anémie.

Graines de chanvre

Très nutritives, elles regorgent de minéraux, de protéines de qualité et d'oméga 3 qui protègent le coeur.

Graines de tournesol

Elles sont très riches en vitamine E, l'antirides par excellence !

Graines de pavot

Véritable concentré de vitamine B et de minéraux, elles ont, en outre, un effet positif sur le stress et les problèmes de sommeil.

Graines de sésame

Anticholestérol et antioxydant !!!

J'AJOUTE TOUTES SORTES DE GRAINES DANS MES SALADES : ELLES APPORTENT DU CROQUANT ET POSSÈDENT DE NOMBREUSES VERTUS !

Les graines sont bonnes pour la santé, mais attention à bien respecter les recommandations d'utilisation notées sur les paquets !

dumi

D-DAY
LE JOUR DU DÉBARQUEMENT
ARRIVE LE JOUR OÙ MES COPINES FINLANDAISES DÉBARQUENT À LA MAISON POUR LA SEMAINE
#AdieuBonnesResolutions
HiiiiHiHiiHiiHi! HiiiHiiHi!
HiiiHiHiiiiHiii! HiHiiiHi!
HiiHiiiiHii!
HO NOOON!
#CopinesClones
VALISE REMPLIE DE DOUCEURS FINLANDAISES
VALISE N°2 REMPLIE DE DOUCEURS FINLANDAISES
VOUS M'AVEZ MANQUÉ! VOUS N'IMAGINEZ PAS CE QU'ELLES ME FONT SUBIR ICI! DES SMOOTHIES VERTS!!!
#MinistryOfSillyWalks
HiiHiiiiHi! ALORS QU'EST-CE QUE VOUS AVEZ ENVIE DE FAIRE PENDANT VOS VACANCES EN FRANCE?
MANGER!!! DU SAUCISSON! DU FOIE GRAS! DU CAMEMBERT! DES CROISSANTS!
BOIRE!!! DU VIN! DU CHAMPAGNE!!!
HOOUiii! LUMI, EMMÈNE-NOUS DANS LES VIGNOBLES DE CHAMPAGNE!!!
JE LES AIME D'AMOUR!
Lumi

HiiHiiHiiHi!
HiiiiHiiiHiHi!
UN WEEK-END DIABOLIQUE
EN CHAMPAGNE
HiHiHiHiii!
Hiiii HiHiH!
Hiiiiii Hi!
HiHi
KIPPIS*!
HiHi
*TCHIN-TCHIN
CE WEEK-END, ON DOIT GOÛTER À TOUTES LES SPÉCIALITÉS FRANÇAISES EN BUVANT DU CHAMPAGNE ! TU CROIS QU'ON POURRA TREMPER NOS CROISSANTS DANS CE BREUVAGE MAGIQUE DEMAIN MATIN ?!!
#LaBonneIdee
JE N'Y AVAIS JAMAIS SONGÉ ! ELLES SONT PLUS DIABOLIQUES QUE MOI !
VIVE LA FRANCE !
CASSOULET ET CHAMPAGNE... LA VIE POURRAIT-ELLE ÊTRE PLUS BELLE ?!!
CHAMPAGN GLOU GLOU
GLOU
GLOU
GLOU
GLOU
GLOU
CHAMPAGNE SUPERNOVA
OASIS
SÉRIEUX ?... DU CASSOULET ?... PFFF... JE RADOTE SI JE DIS QUE L'ALCOOL EST DANGEREUX POUR LA SANTÉ ?
dumi

UNE QUINZAINE DE BOUTEILLES DE CHAMPAGNE PLUS TARD...
BON... SALUT LES COPINES... ON SE REVOIT CET ÉTÉ AU MÖKKI...
DÉPART POUR HELSINKI
BOUHOUU...
JE VEUX PARTIR AVEC ELLES !!!
VALISE PLEINE DE CHAMPAGNE
"Ça y est... Je vois trouble... C'est le manque de gras... Je me dessèche!"
KAAMELOTT LIVRE II
#InconsolableSheitan
Les Mots Bleus
= CHRISTOPHE =
CHANSON DE LA DÉPRIME !
LE JOUR SUIVANT, EN ME BROSSANT LES CHEVEUX SUR DU JAMES BROWN...
I FEEL GOOD
= JAMES BROWN =
KÄÄK!
CRAC LE COU!
INFLAMMATION AIGUË LE RETOUR
PFFFF! Je t'avais bien dit de te calmer sur les cochonneries acidifiantes! Reprends les bonnes habitudes dès aujourd'hui et l'inflammation passera plus vite...
"Tout cela s'est déjà produit et se reproduira encore." Battlestar Galactica
#JeSuisAuBoutDeMaVie
LUMI

BILAN DU MOIS DE MAI
SEMAINE 33
67,5 KILOS
Un chiffre sur une balance ne veut rien dire. L'important est de ne pas être en surpoids et de se sentir bien dans sa tête et dans son corps.
J'ENTRE EN PHASE DE STABILISATION
SEMAINE 34
68,2 KILOS
KÄÄK!!!
"STABILISATIONNN", J'AI DIT ! PAS RÉSURRECTION DE KILOS, NOM D'UNE PEAU D'ORANGE !
SEMAINE 35
67,6 KILOS
LA CLÉ EST D'ADOPTER DE SAINES HABITUDES AU QUOTIDIEN. NON DES RESTRICTIONS !
SEMAINE 36
67,4 KILOS
1
J'ai encore gagné la coupe virtuelle de la gloire éternelle sur Fitbit !
#WINNEUSE
Aurélie

Juin
IiiiiiiH! ET SI ON FAISAIT DES TOMATES À LA PROVENÇALE AU BARBEUK ?!
OUIIII ! ELLES ÉTAIENT BONNES TES AUBERGINES GRILLÉES AVEC LES BROCHETTES DE POULET !
DES CHAMALLOWS GRILLÉS !!!
♫ J'AI TROP LE SEUM ♫ JE VEUX DU SUN ! ♫ = SUN MI AMOR = KD BEATS
ILS ONT L'AIR DE MIEUX S'ENTENDRE CES DEUX-LA...
FRUITS & LÉGUMES
COURGETTES
AUBERGINES
ARTICHAUTS
BROCOLIS
HARICOTS
PETITS POIS
POIVRONS
POMMES DE TERRE
RHUBARBE
MELONS
PASTÈQUES
TOMATES
PÊCHES
NECTARINES
♪ SAN FRANCISCO ♫
BE SURE TO WEAR FLOWERS IN YOUR HEAD
SCOTT MCKENZIE
Lumi

LIGHT BARBECUE PARTY

Un barbecue n'est pas forcément synonyme de lard, de merguez et de chipolatas grillés ! On peut aussi faire cuire beaucoup de plats maison légers qui régaleront tes papilles !

20:00
J'AI FAIM!
J'AI FAIM!
J'AI FAIM!
J'AI FAIM!
SLURP!
HIHI!
MIAM!
SLURP!
MIAM!
MIAM!
HIHI!
20:05
EN MANGEANT AUSSI VITE, TU N'ENTENDS PLUS LES SIGNAUX DE SATIÉTÉ QUE TON CORPS T'ENVOIE ET TU MANGES PLUS QUE DE RAISON! ALORS PRENDS TON TEMPS! MADONNA, ELLE, MÂCHE SES ALIMENTS 40 FOIS AVANT DE LES AVALER! TU DEVRAIS ESSAYER!
BAII?!? TU AS DÉJÀ TOUT MANGÉ?!
BEN... HEUU... OUI... C'ÉTAIT BON...
!!!
!
!
DUMI

ALERTE CANICULE
Y FAIT CHAUD = LISA LEBLANC =
J'AI CHAUD... J'AI CHAUD... J'AI CHAUD... J'AI CHAUUUUD... IL FAUT BOIRE BEAUCOUP D'EAU AVEC UN TEMPS PAREIL... IL PARAÎTRAIT QUE BOIRE 2 LITRES D'EAU PAR JOUR SERAIT PLUS EFFICACE QUE L'ANTIRIDES !
FM
IL FAIT CHAUD À PARIS ! PENSEZ À VOUS HYDRATER ET ÉVITEZ LE SPORT !
EN VOILÀ UNE BONNE NOUVELLE ! FARNIENTE ET HYDRATATION AU PROGRAMME ! QUI VEUT UNE MARGARITA ?!
DE L'EAU... C'EST TELLEMENT INSIPIDE...
IL N'Y AURAIT PAS AUTRE CHOSE D'AUSSI RAFRAÎCHISSANT ET PEU CALORIQUE ?
Lumi

IL FAIT TROP CHAUD POUR TRAVAILLER…
IL EST TEMPS DE SE DÉSALTÉRER AVEC UN BON THÉ GLACÉ !

THÉ VERT GLACÉ POUR SE DÉRIDER

Le thé vert est un excellent allié pour la santé ! Cette boisson alcaline favorise la perte de poids et possède de nombreuses propriétés médicinales (anti-inflammatoire, antivirale…). Elle est également riche en antioxydants, parfaite pour lutter contre les méfaits du temps et notamment contre les rides !

Boire un thé vert glacé est excellent pour se désaltérer tout en faisant du bien à son corps. Les boissons vendues en magasin étant trop sucrées, il est préférable de faire son thé glacé maison !

RECETTE

5 CC DE THÉ VERT, DE PRÉFÉRENCE BIO POUR ÉVITER L'INFUSION DE PESTICIDES

1 BRANCHE DE MENTHE CISELÉE

4 CC DE MIEL OU SIROP D'AGAVE

Mélangez et laissez infuser 8 h au réfrigérateur.

FILTREZ AU CHINOIS ET DÉGUSTEZ AVEC UNE JOLIE PAILLE POUR ADOPTER LE LOOK BLOGUEUSE !

LAISSEZ LIBRE COURS À VOTRE IMAGINATION ET TESTEZ AVEC DIFFÉRENTES SORTES DE THÉS OU INFUSIONS !

Lumi

GRAS INVESTIGATION

AUJOURD'HUI, JE PARS EN QUÊTE D'INFORMATIONS SUR LE GRAS CAR, POUR MIEUX COMBATTRE SON ENNEMI, IL FAUT LE CONNAÎTRE !

INSPECTEUR LUMI MÈNE L'ENQUÊTE

LES LIPIDES SONT INDISPENSABLES POUR ASSURER UN BON FONCTIONNEMENT DE L'ORGANISME. IL EXISTE 3 TYPES DE GRAISSES...

LES ACIDES GRAS INSATURÉS

AVOCATS – POISSONS GRAS – NOIX – NOISETTES – HUILES D'OLIVE, DE COLZA ET DE NOIX

LES ACIDES GRAS SATURÉS

HUILE DE PALME

PRODUITS D'ORIGINE ANIMALE : FROMAGE – BEURRE – CRÈME FRAÎCHE – VIANDES ROUGES – CHARCUTERIE

LES ACIDES GRAS TRANS

Cette graisse permet la conservation longue des aliments. On en trouve dans la plupart des aliments transformés par l'industrie agroalimentaire. Leur présence est signalée sur les étiquettes par la formule :

MARGARINE – VIENNOISERIES – PÂTISSERIES – BISCUITS

"HUILES (OU GRAISSES) PARTIELLEMENT HYDROGÉNÉES"

Lumi

LES ACIDES GRAS INSATURÉS SONT INDISPENSABLES !
Hum... Les mono-insaturés sont recommandés, mais les poly-insaturés (oméga 6) provoqueraient des problèmes cardiaques et inflammatoires...
Ces graisses procurent un sentiment de satiété tout en protégeant le coeur...
LES ACIDES GRAS SATURÉS NE SONT PAS SI MAUVAIS !
Ils sont précieux pour les membranes cellulaires et contiennent des vitamines intéressantes...
Cette graisse augmente le taux de mauvais cholestérol...
LE RISQUE DE DÉVELOPPER UN CANCER DU SEIN EST DOUBLÉ CHEZ LES FEMMES CONSOMMANT UNE GRANDE QUANTITÉ D'ACIDES GRAS TRANS !
LES ACIDES GRAS TRANS SONT À BANNIR DE NOTRE ALIMENTATION !
LE RISQUE DE SE TRANSFORMER EN LICORNE À DEUX TÊTES EST ACCRU EN CONSOMMANT DES ACIDES GRAS TRANS !!!
AAAAAAAH !
Comment faire le tri avec toutes ces infos que je trouve sur Internet ?! Le lobbying de l'agroalimentaire est tellement puissant que je ne sais à qui me fier !
Regarde plutôt les sites officiels comme l'INPES mais reste en alerte. On ne sait jamais jusqu'où les lobbies tissent leurs toiles !
BIO MAN
#LeLobbyingMATuer
Lumi

LA VACHE ! J'ai acheté des compléments alimentaires pour la beauté des cheveux et des ongles, des pilules pour préparer ma peau au soleil, des vitamines spéciales anti-âge et de la vitamine C, parce que je suis fatiguée en ce moment... Je te l'dis parce que t'es une copine, mais j'en ai eu pour 70 € !!! Enfin... J'espère que ce sera efficace !
KÄÄK !!!
MAIS... TU N'AURAIS PAS BESOIN DE TOUTES CES PILULES HORS DE PRIX SI TU AVAIS UNE ALIMENTATION ÉQUILIBRÉE ET VARIÉE ! SI CE N'EST PAS TON MÉDECIN QUI TE LES A PRESCRITES, ELLES NE SERVIRONT QU'À VIDER TON PORTEFEUILLE ! TOUTES CES VITAMINES, TU PEUX LES RETROUVER DANS LES FRUITS, LES LÉGUMES LE POISSON, LES GRAINES...
EN PLUS, UNE ÉTUDE DE L'ÉCOLE DE SANTÉ PUBLIQUE JOHNS HOPKINS BLOOMBERG DANS LE MARYLAND A DÉMONTRÉ QUE LE BÊTACAROTÈNE, LES VITAMINES E ET A À FORTE DOSE AUGMENTERAIENT LA MORTALITÉ ! SI J'ÉTAIS TOI, J'ÉVITERAIS DE PRENDRE N'IMPORTE QUOI... PAROLE D'UNE EX-ACCRO AUX P'TITES PILULES !

= RECETTE =

SOUPE DE FRUITS

JOLIE JOLIE JOLIEEE !

INGRÉDIENTS POUR 4 PERSONNES

500 G DE FRAISES DE PLOUGASTEL

100 G DE MYRTILLES PLEINES D'ANTIOXYDANTS ANTIRIDES !

300 G DE PASTÈQUE

1 PAMPLEMOUSSE ROSE

50 cL DE CHAMPAGNE

4 JOLIS VERRES

1 BRANCHE DE FEUILLES DE MENTHE

1 PAILLE DE BLOGUEUSE

LA PRÉPARATION LA PLUS FACILE AU MONDE !

- ☑ DÉCOUPEZ LES FRAISES ET LA PASTÈQUE EN PETITS MORCEAUX ET CISELEZ LES FEUILLES DE MENTHE. RÉPARTISSEZ LE TOUT DANS LES VERRES.
- ☑ PRESSEZ LE PAMPLEMOUSSE ET AJOUTEZ LE JUS AVEC LES MYRTILLES DANS LES VERRES.
- ☑ RÉSERVEZ AU RÉFRIGÉRATEUR 1 HEURE MINIMUM POUR QUE LES FRUITS JOLIS JOLIS SOIENT BIEN FRAIS.
- ☑ AU MOMENT DE SERVIR, VERSEZ LE CHAMPAGNE FRAIS DANS LES VERRES, AJOUTEZ LA PAILLE DE BLOGUEUSE, UNE PETITE CUILLÈRE...

DÉGUSTEZ ! LES YEUX FERMÉS

SALADE DE FRUITS
= BOURVIL =

LA CHANSON DE VIEUX QUI TOURNE EN BOUCLE DANS MA TÊTE QUAND ON PARLE DE FRUITS !

Lumi

BILAN DU MOIS DE JUIN
SEMAINE 37
67,5 KILOS
SUPER! IL YA PLEIN DE FRUITS ET LÉGUMES DE SAISON QUE J'ADORE À CETTE PÉRIODE DE L'ANNÉE!
SEMAINE 38
67,2 KILOS
BOUCLAGE DES ENFERS + CANICULE = #LumiPetitCaca
SEMAINE 39
67,1 KILOS
CANICULE
36°C
PAS FAIM DU TOUT AVEC CETTE CHALEUR...
...ÇA SE RESSENT SUR LA BALANCE!
SEMAINE 40
67,3 KILOS
40 SEMAINES DE CHANGEMENT D'HABITUDES ALIMENTAIRES ET
-8 KILOS
TOUT ROND SUR LA BALANCE!
SOIT 3 BOULES DE BOWLING!
Lumi

Juillet
AAAAAAAH..
ÇA VA LA VOIX DE LA RAISON ? TU DEVIENS TOUTE ROUGE... COMME MOI ! IL FAUT BEAUCOUP BOIRE QUAND IL FAIT CHAUD ! JE TE PRÉPARE UN MOJITO ?
Dis, JE PEUX AJOUTER DES CHAMPIGNONS GRILLÉS FOURRÉS AU GORGONZOLA ?
IL FAIT CHAUD COMME ÇA EN ENFER ? COMMENT TU FAIS POUR AVOIR TOUJOURS FAIM AVEC UNE CHALEUR PAREILLE ?
CONTENTE-TOI DE TENIR MA LISTE DE FRUITS ET LÉGUMES
FRUITS & LÉGUMES
MAÏS
POIS MANGE-TOUT
LAITUE ROMAINE
RADIS LONGS
PÂTISSONS
CONCOMBRES
BROCOLIS
BETTERAVES
TOMATES
AUBERGINES
ABRICOTS
CASSIS
CERISES
GROSEILLES
MÛRES
FRAISES
PASTÈQUES
CITRONS
MYRTILLES
VOILÀ L'ÉTÉ
NÉGRESSES VERTES
Lumi

J'SUIS PAS CONTENTE !
J'SUIS PAS CONTENTE !
JE NE VEUX PLUS ÇA !
=PAS CONTENTE=
VAUDOU GAME
HOP! HOP! Un peu de crème sublimante de jour, de rouge à lèvres, un trait d'eye-liner...
Un milliard de produits plus tard :
et pour finir, ma super laque pour faire tenir ces magnifiques boucles!!!
FM
UNE ENQUÊTE UFC-QUE CHOISIR POINTE UNE NOUVELLE FOIS DU DOIGT LES PRODUITS COSMÉTIQUES ET DOMESTIQUES CONTENANT DES PERTURBATEURS ENDOCRINIENS...
DENTS WHITE
CRÈME POU POU PIDOU
HUILE SÈCHE LA PIMPANTE
CRÈME CORPS DE BOMBASSE
LOTION DES DÉESSES
DÉO AISSELLES SOYEUSES
CRÈME DE JOUR TEINT SUBLIME
SHAMPOING BLONDE FATALE
APRÈS SHAMPOING ULTRA LISS' LISSE
PARFUM
Laque cheveux SENSUAL WOMAN
=Gel= fermeté
MOVE TON BODY
ANTIRIDES JEUNESSE ÉTERNELLE
CRÈME NUIT MAGIQUE
BAUME CHEVEUX GLAMOUR
KISS!
LIPS LOVE
TENDRES BAISERS
FM
VERNIS 021 COUGAR
POUDRE SO CUTY GIRL
... CERTAINES MARQUES N'HÉSITENT PAS, EN EFFET, À UTILISER DES SUBSTANCES ACCUSÉES DE PERTURBER NOTRE ÉQUILIBRE HORMONAL, PROVOQUANT CANCERS ET PROBLÈMES DE STÉRILITÉ...
Lumi

!!!
KOOOOOOOAAA???
Laque
Ils vendent en grandes surfaces des produits bourrés de perturbateurs endocriniens ?!! Du poison joliment empaqueté ?!! Il ne s'agit sûrement pas des grandes marques que j'achète… Mais… et si ma super laque en contenait ? Je vais jeter un œil à cette fameuse liste sur Internet pour en avoir le cœur net…
LA MEUF QUI A UN NOUVEAU DÉCLIC DE FOUFOU !
Après tout, si l'alimentation joue autant sur mes inflammations, il serait logique que toutes les crèmes que je tartine quotidiennement sur mon corps et les produits ménagers avec lesquels je nettoie mon intérieur aient une incidence sur ma santé !
KOOOOAAA?!
Ma super laque pour cheveux soyeux se trouve dans la liste des produits recensés par
L'UFC-Que Choisir?!
IIIIIIIIIIIIIK!!!
Ma crème sublimissime qui m'a coûté les yeux de la tête y figure aussi ?!! Mon savon !!! Mon shampoing !!! Ooooohnoooon !!! PAS MON VERNIS À ONGLES !!!
J'AI UN NOUVEAU COMBAT À MENER !
ADIEU POISONS DU QUOTIDIEN !
Je vais trouver une solution pour remplacer ma précieuse laque et tous ces produits qui donnent des cancers affreux et autres problèmes hormonaux !!!
#AngryLumi
Lumi

L'ÉPREUVE ULTIME DU BIKINI

ARRIVE LE JOUR DE L'ESSAYAGE DU NOUVEAU BIKINI DE BOMBASSE...

Je suis très bien comme je suis ! Je pourrais être un peu plus musclée, un peu plus ceci, un peu moins cela... et je ne serais jamais heureuse en vivant dans mes complexes.
Ou alors, je peux m'accepter telle que je suis, me réjouir du chemin accompli depuis l'été dernier, et profiter des plages et de la vie dans mon joli bikini !
Et puis depuis le temps que je suis graphiste dans la presse, je suis tout de même bien placée pour savoir que tous les mannequins dans les pubs sont super retouchées !

LE PIRE ENNEMI DE L'ESTIME DE SOI EST SOI-MÊME !

Lumi

Courbe de poids

pour un corps de rêve !

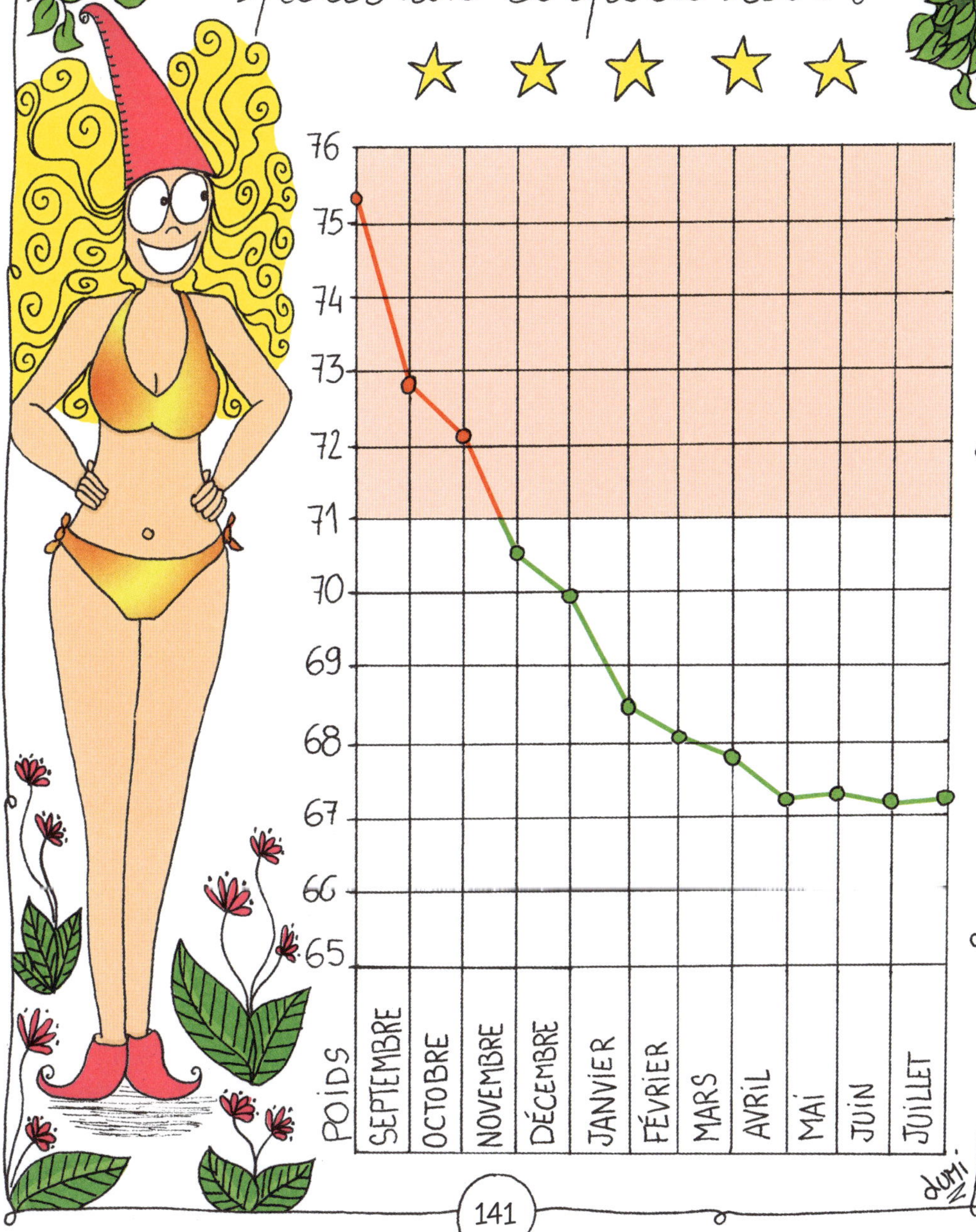

Un an après… L'heure du bilan

Une année s'est écoulée depuis le fameux déclic qui m'a fait commencer ce journal. Changer radicalement mon alimentation n'a pas été chose simple. Il y a un an encore, il m'était impensable de me délecter d'une ratatouille. Aujourd'hui, je me demande comment je pouvais me réjouir à l'idée d'aller avaler un burger dans un fast-food ! Mes nouvelles habitudes alimentaires m'ont fait redécouvrir le vrai goût des aliments. Je mange désormais de bons plats cuisinés que je prépare avec délice, je bois du jus d'orange fraîchement pressé, je me régale de savoureux fruits et légumes bio… J'ai maintenant trouvé le juste équilibre entre écouter la Voix de la Raison ou Sheitan, car il est important de se faire aussi de petits plaisirs de temps à autre !

Cette année, j'ai également adopté de nouvelles habitudes sportives. Je prends beaucoup de plaisir à marcher dans les bois et à me tortiller tous les matins sur les airs endiablés de ma playlist « Bouge Ton Boule », à lancer des défis à mes amis Fitbit ! Ma Morning Routine n'est toujours pas devenue un exercice plaisant mais j'essaie néanmoins de la pratiquer régulièrement car une alimentation saine et variée cumulée à une activité sportive régulière est la clé du succès !

Le surpoids n'est pas un souci quand on se sent bien dans sa peau. Le véritable problème des kilos en trop, ce sont toutes les maladies qui y sont liées et qui représentent une menace à plus ou moins long terme : inflammations, migraines, arthrite, diabète, cholestérol ou cancers affreux ! Cette année, j'ai enterré 8 kilos au cimetière graisseux, mais pas seulement ! À ma grande surprise, grâce à mes nouvelles habitudes alimentaires, j'ai aussi enterré les médicaments que je prenais quotidiennement pour soulager les inflammations chroniques dont je souffrais depuis plusieurs années. Au fil des mois, j'ai compris à quel point il était important de donner à son organisme toutes les vitamines, minéraux et fibres nécessaires à son bon fonctionnement. Manger est devenu un plaisir qui me maintient en bonne santé !

HAPPY END

« C'EST ÇA LA VIE : UN FRAGILE ÉQUILIBRE ENTRE L'HARMONIE ET LE CHAOS. »
Mylène Gilbert-Dumas

ALL YOU NEED IS LOVE

THE BEATLES

L'aventure continue ! Chaque jour m'apporte son lot de découvertes que je partage sur mon site Internet :

www.mon-journal-presque-intime.com

Si toi aussi tu as envie de prendre le chemin d'une vie plus saine et de tenir ton propre journal, retrouve sur mon site des pages illustrées à télécharger et à remplir pour les coller dans ton carnet !

#CestCadeau

SUIS-MOI SUR LES RÉSEAUX !

FACEBOOK : lumi.poullaouec.crea

INSTAGRAM : lumipoullaouec

TWITTER : @lumi_poullaouec

SNAPCHAT : lumi.poullaouec

FITBIT : Lumi Poullaouec

Retrouve la playlist de ce journal sur SPOTIFY en tapant "lumi.poullaouec"

GrosGrosCœurAvecLesDoigts

- À M'sieur Poullaouec #BigLove #MariParfaitOeilDeLynx
- Aux éditions Eyrolles et à mes bonnes fées qui ont travaillé sur ce journal avec tant d'enthousiasme :
  - à Hélène #EditriceQuiDechire #MonPtitSoleil
  - à Sophie #TraKeuseDeuxFotteAnCheffe
  - à Stéphanie #SoutienDeTousLesInstants #CollectifDeLaPromotionDesTomatesCerises
  - à Carole #FabricanteAuTopOfTheTop
- À VOUS, lecteurs, lectrices, qui rendez cette aventure possible ! #MesPetitsCaramelsMous
- # TheLastButNotTheLeast : Alicia, Beren, Boubou, Chung-Leng, Clarisse, Clément, Ivelisse, Laura, Marie, Mikko, Miska, Ylan !

Dépôt légal : septembre 2017
Imprimé en Croatie par GZH

Cet ouvrage est imprimé sur du papier offset Maestro Print 140 g, papier issu de forêts gérées durablement.